蒙古纪事

哈斯巴根　珠娜/编著
岱钦/译

内蒙古人民出版社

图书在版编目(CIP)数据

蒙古纪事／哈斯巴根，珠娜编著；岱钦译. -- 呼和浩特：内蒙古人民出版社，2021.12
ISBN 978-7-204-16634-3

Ⅰ.①蒙… Ⅱ.①哈… ②珠… ③岱… Ⅲ.①蒙古族-民族历史-中国 Ⅳ.①K281.2

中国版本图书馆 CIP 数据核字(2020)第 265526 号

蒙古纪事

作　　者	哈斯巴根　珠　娜
译　　者	岱　钦
责任编辑	高　彬
封面设计	刘那日苏
出版发行	内蒙古人民出版社
地　　址	呼和浩特市新城区中山东路8号波士名人国际B座5层
印　　刷	内蒙古爱信达教育印务有限责任公司
开　　本	710mm×1000mm　1/16
印　　张	22.5
字　　数	320千
版　　次	2021年12月第1版
印　　次	2022年10月第1次印刷
印　　数	1—2000册
书　　号	ISBN 978-7-204-16634-3
定　　价	130.00元

图书营销部联系电话：(0471)3946298　3946267
如发现印装质量问题，请与我社联系。联系电话：(0471)3946120

前 言

蒙古民族是在漫长的历史岁月中,用"简约的思维去思考,睿智地解决错综复杂的事情,并践行于行动"的具有悠久历史的民族。身为蒙古族的一分子,我深感自豪。但是曾经的一个亲身经历让我感触颇深:一个外地旅游者来内蒙古,问我们当地一个蒙古人:"成吉思汗也叫铁木真吗?"那个人竟然回答说"不是"。当时,我只觉得难以置信、无地自容。这件事情对我的触动很大,成为我编撰本书的原动力。为了让广大读者,特别是广大青少年了解蒙古族历史,我历经数年创作完成了本书。

本书的初版是用蒙古文完成的《汗国轶事》,而今天读者所见到的这个汉文版本,是由最初的蒙古文版《汗国轶事》翻译而来的。编辑人员在实际工作中,听取专家的意见,从精准和严谨的角度出发,将书名更改为如今的《蒙古纪事》。

编撰本书,我力求正确解读蒙古族历史,为广大读者奉献一本简明、通俗的历史读物。从这个根本点出发,我没有像通常的历史书籍那样以编年史的形式逐年叙述,而是以人物和事件为主线,将相关内容分别予以陈述和交代,且时间跨度较大。在形式上,为了突出主题,书中配了400余幅插图,每幅插图均附有注解。这是我想证明"蒙古人不是靠冲动和莽撞,而是靠智慧和谋略,在做好充分准备的前提下打仗"这一论断而做的一种尝试。另外,书中所涉及的地名,大部分以《蒙古秘史》中的写法为准,有少部分无法找到准确的出处,故写为现代称谓,或以音译标注。

在本书中,凡是文献中记载有出入的,一律按《蒙古秘史》的写法统一。在叙述历史的同时,书中附有部分为主要内容服务的、补充性的、各自独立的小知识,解答一些较为生僻的内容,提供一些介绍和注释,以满足读者的需求。但因知识面有限,参考资料亦有所欠缺,某些注解可能没有很好地予以提炼和规范,如发现谬误之处,还望各位读者提出宝贵意见。

本书所附400余幅插图,部分由哈布林其其格女士供图,另有部分图片由不同人士分别提供。关于这些图片的使用,均由本书第二作者珠娜与哈布林其其格女士及这些人士联系、协商,获得了使用许可,故不会产生版权纠纷。如若出现相关问题,请与我联系。

我不是专业的历史研究人员,只因喜欢蒙古族文学和蒙古族历史,便尽可能地进行搜集和研读,并决心为青少年创作一部关于蒙古族的简明历史书。当真正开始动笔之后,我才意识到这是一项非常艰难的工作。但是,"开弓没有回头箭",怀着为浩瀚的文化海洋注入点滴之水,为蒙古族文化百花园增添一朵鲜花的至诚之心,我终于把这部书编撰完成了。书稿优劣,只能由读者来评判,作为作者,我愿意接受这个评判。书中定有不够完善及错讹之处,恳请各位读者批评、指正。如果这部书能够对广大读者学习、了解蒙古族历史有一点点帮助,那我也会十分欣慰。

阿·哈斯巴根

目 录

第一部　蒙古之祖先

古老传说 ························ 3

额尔古涅·昆的传说 ················ 3

孛儿帖赤那 ······················ 5

朵奔蔑儿干 ······················ 5

阿阑豁阿"折箭训子"的传说 ········ 7

孛端察儿 ························ 9

历史车轮 ························ 15

铁木真之先祖 ···················· 16

铁木真之父也速该把阿秃儿 ········ 23

铁木真诞生 ······················ 26

铁木真定亲 ······················ 27

也速该把阿秃儿被害 ·············· 29

第二部　铁木真称帝之路

艰苦的少年时代 ·················· 33

诃额仑母亲的恩德 ················ 33

铁木真被抓 ······················ 38

孛斡而出 ························ 43

铁木真娶妻 ·············· 45
　　蔑儿乞惕袭击 ············ 49

兄弟反目 ················ 53
　　结为安答 ··············· 53
　　不兀剌草原之战 ··········· 54
　　二人反目 ··············· 58
　　札木合与铁木真为敌 ········· 61
　　札木合的末日 ············ 68

征伐主儿勤、泰赤兀惕，灭亡塔塔儿、蔑儿乞惕 ···· 72
　　与主儿勤关系破裂 ·········· 73
　　征伐泰赤兀惕 ············ 78
　　灭塔塔儿 ··············· 81
　　扫荡蔑儿乞惕 ············ 85

铁木真与王汗 ············· 88
　　王汗与也速该把阿秃儿 ······· 88
　　王汗与铁木真的关系 ········ 89
　　王汗与铁木真为敌 ·········· 100

征服乃蛮部 ·············· 107
　　强大的乃蛮部 ············ 107
　　纳忽昆之战 ············· 110
　　古出鲁克的末日 ··········· 114

铁木真称汗 ·············· 116
　　铁木真称汗 ············· 116
　　铁木真被推举为大汗 ········ 119

巩固发展大蒙古国 ··········· 126

林中百姓 ··· 126
　　平息林中百姓之乱 ······································ 127
　　招降合剌鲁兀惕和畏兀儿 ···························· 129
　　收复哈剌契丹(西辽) ·································· 130
　　"通天巫"帖卜腾格里的诡计 ······················· 136
　　清剿残余敌人 ··· 141

进军唐兀惕(西夏)······································ 144
　　唐兀惕(西夏) ··· 144
　　伐唐兀惕(西夏) ·· 144
　　灭唐兀惕(西夏) ·· 147
　　成吉思汗去世及"临终遗言"························ 150

征伐金朝 ··· 153
　　金朝 ·· 153
　　金与蒙古 ·· 153
　　伐金 ·· 154
　　拖雷之死 ·· 165
　　金朝灭亡 ·· 166

木华黎 ·· 168
　　忠心耿耿　战功卓著 ·································· 169
　　伐金最高统帅 ··· 173
　　木华黎逝世 ·· 178

成吉思汗西征 ·· 180
　　花剌子模 ·· 181
　　战争起因 ·· 182
　　攻打花剌子模 ··· 186

3

追讨札兰丁·················195

长春真人丘处机·················203
　　长春真人·················203
　　应成吉思汗之诏西行·················204
　　觐见成吉思汗·················206

先锋将军哲别、速别额台·················212
　　哲别·················212
　　速别额台·················213
　　西征先锋·················218
　　追击花剌子模算端·················220
　　哲别、速别额台的远征·················221

第三部　伟大功业的继承者

窝阔台被封为大汗·················227
　　窝阔台·················228
　　成为汗位继承人·················229
　　窝阔台被封为大汗·················232
　　征讨南宋·················234
　　出兵高丽·················235
　　长子军西征·················237
　　窝阔台汗派绰儿马罕西征·················240
　　窝阔台汗的政策·················243
　　窝阔台汗的自我评价·················253

治天下匠——耶律楚材·················257
　　"吾图撒合里图"耶律楚材·················258

  辅佐元太宗治理中原 ········· 260

  以儒治国,定法立制 ········· 262

  悲愤离世 ··················· 264

贵由汗 ·························· 266

  脱列哥那 ··················· 269

  贵由即位 ··················· 270

蒙哥汗 ·························· 273

  蒙哥 ······················· 273

  黄金家族内部汗位之争 ····· 274

  蒙哥即位 ··················· 276

  忽必烈治理漠南 ············· 282

  远征大理 ··················· 284

  进攻南宋 ··················· 286

  旭烈兀远征西亚 ············· 287

  蒙哥汗接见卢布鲁克 ········· 292

蒙古四大汗国 ···················· 296

  钦察汗国(1219—1502年) ··· 297

  察合台汗国(1222—1369年) · 304

  窝阔台汗国(1251—1309年) · 310

  伊利汗国(1256—1335年) ··· 311

附录:蒙古的经济及人文概况 ···· 316

  畜牧业 ····················· 316

  农业 ······················· 321

  狩猎 ······················· 321

手工业 ································· 323
交通与城镇建设 ······················· 326
蒙古文字和史书 ······················· 327
艺术 ··································· 331
法律与历法 ··························· 333
婚姻家庭 ······························ 337
衣食住行 ······························ 338
生育与丧葬 ··························· 343
禁忌与风俗 ··························· 346

第一部 蒙古之祖先

古老传说

时间：约8世纪中叶至10世纪初
人物：孛儿帖赤那、朵奔蔑儿干、阿阑豁阿

在尚无文字的时代，蒙古人主要用口口相传的办法来传授祖先的称谓、重要事件及传宗接代的历史。譬如从朵奔蔑儿干到成吉思汗的四百年间的历史，就是通过口口相传的形式在蒙古人中间世代相传，成为古老的传说。

◎ 额尔古涅·昆的传说

许多许多年之前，古蒙古部与操突厥语言的部落之间发生了矛盾，直至征战，捏古思和乞颜两个部被击败，侥幸逃出。他们逃到一个人烟罕至的偏远地方，周围是层峦叠嶂、茂密丰饶的深山老林。这个地方叫作"额尔古涅·昆"。额尔古涅·昆气候宜人，水草丰美，他们生活在这里，繁衍生息，人口渐渐多了起来。但是，随着族人不断增加，居住地显得越来越狭小，于是他们想走出这个峡谷。他们

石锹。据考古学家考证，旧石器时代生活在蒙古高原的古人类以狩猎为主，以采集为辅

额尔古涅·昆：据学者解释，额尔古涅意为悬崖峭壁，昆是指山坡地。

发现了一处炼铁遗址，便集合族人，砍了许多木柴，剥了七十头牛、马的皮制成七十个风箱，在含有铁矿的山脚下点起干柴，拉起风箱。风助火势，火借风威，熊熊大火燃烧起来，山坡终于被融化了。他们不但得到了无数的铁，而且还开辟出一条能够通过险峰高山的通道。众人们带着新得到的铁，跨越险峻的高山，走出峡谷，来到广阔的草原。这就是古代蒙古人"化铁融山"的传说。

> 历史学家将最初的蒙古部落分为"迭儿勒斤"（又写作多儿勒斤、答儿列勒）和"尼鲁温"（又写作尼伦）两大部分。迭儿勒斤蒙古是指朵奔蔑儿干的两个儿子不古纳台、别勒古纳台的后代和蒙古其他部落。

孛儿帖赤那与豁埃马阑勒图（才·巴特尔 供图）

◎ 孛儿帖赤那

蒙古人从额尔古涅·昆出来的时候，已经繁衍为数十个部落，其中，从孛儿帖赤那第十三代子孙朵奔蔑儿干和妻子阿阑豁阿这条线上分出来的支脉叫作"尼伦蒙古人"，约为二十七个部；朵奔蔑儿干之前分出去的其他蒙古人叫作"迭儿勒斤蒙古人"，约为十三个部。他们都是同一个大姓乞颜氏的后裔。奉上天之命而生的孛儿帖赤那与妻子豁埃马阑勒率领数个部落渡过大海，来到斡难河（今鄂嫩河）源头的不儿罕合勒敦山（今蒙古国肯特山）居住，生下了儿子巴塔赤罕。巴塔赤罕的子孙继续繁衍，人口进一步增多，分成许多部落。巴塔赤罕的儿子是塔马察。塔马察的儿子是豁里察儿蔑儿干。豁里察儿蔑儿干的儿子是阿兀站孛罗温勒。阿兀站孛罗温勒的儿子是撒里合察兀。撒里合察兀的儿子是也可你敦。也可你敦的儿子是挦锁赤。挦锁赤的儿子是合儿出。合儿出的儿子是孛儿只吉歹蔑儿干。孛儿只吉歹蔑儿干的儿子是脱罗豁勒真伯颜等。

◎ 朵奔蔑儿干

脱罗豁勒真伯颜的妻子，名叫孛罗黑臣豁阿。他们有两个儿子，一个叫都蛙锁豁儿，另一个叫朵奔蔑儿干。都蛙锁豁儿一目独明，能看三程之远。有一天，朵奔蔑儿干、都蛙锁豁儿兄弟俩登上了不儿罕合勒敦山。两人站在山巅极目远眺，层峦叠嶂的山峰、蜿蜒迂回的小路和一望无际的草原尽收眼底。都蛙锁豁儿看到山下弯弯曲曲的统格黎克小河（今肯特山东麓、鄂嫩河上游的一条支流小河）旁走来一群人，就说："那一群人中有一辆黑色毡车，车上坐着一位美丽少女。如果她还没有许配人家，就说给你做媳妇吧！"说完，就让朵奔蔑儿干前去看一看。

朵奔蔑儿干与都蛙锁豁儿远眺图（才·巴特尔 供图）

朵奔蔑儿干急忙向缓缓而来的人群走去，见那位少女身材窈窕，杏眼桃腮，长得端端正正，好似仙女下凡一样。姑娘名叫阿阑豁阿，未曾嫁人。

阔勒巴儿忽真脱古木地方的巴儿忽歹蔑儿干将女儿巴儿忽真豁阿许配给豁里秃马惕部的那颜（又写作诺颜，"首领"之意）豁里剌儿台蔑儿干。阿阑豁阿正是豁里剌儿台蔑儿干和巴儿忽真豁阿的女儿。这群人是豁里剌儿台蔑儿干的属民豁里秃马惕人。

> 都蛙锁豁儿一目独明，能看三程之远：程，蒙古语叫"努德勒"，是衡量距离的量词。古代蒙古人一般说一个"努德勒"等于三十里（有的书上写十里）。有的学者解释说，"努德勒"可能是指箭矢射不到的那么远的距离，或两军扎营的距离。

由于禁止在豁里秃马惕的草原上猎捕貂鼠青鼠,豁里剌儿台蔑儿干与部落产生了矛盾,他们成为豁里剌儿氏。他们听说不儿罕合勒敦山猎物甚丰,便投奔到不儿罕合勒敦山的主人、兀良孩(即兀良合惕)部的哂赤伯颜处。

◎ 阿阑豁阿"折箭训子"的传说

阿阑豁阿和朵奔蔑儿干结婚以后,生活欢愉,甜甜蜜蜜,不到一年,生下一子,取名不古讷台。接着又产下一子,取名别勒古讷台。后来,朵奔蔑儿干生了一场病,久治不愈,最后撇下孤儿寡母,撒手人寰。再后来,寡居的阿阑豁阿又接连生下三个儿子,分别叫作不忽合答吉、不合秃撒勒只、孛端察儿。有一天,别勒古讷台暗地里与兄长不古讷台议论说:"父亲去世以后,母亲没有丈夫,却又生了三个弟弟。家里只有仆人马阿里黑,这三个弟弟有可能是他的孩子。"

阿阑豁阿知道了两个儿子背后的议论。在一个春暖花开的日子,阿阑豁阿煮了一锅腊羊肉,又叫来五个儿子别勒古讷台、不古讷台、不忽合答吉、不合秃撒勒只、孛端察儿,共进美餐。大家饱餐一顿之后,阿阑豁阿母亲分给五兄弟每人一支箭,让他们用力折断。他们每个人没费什么力气就把箭折断了。然后,阿阑豁阿母亲又

阿阑豁阿画像

阿阑豁阿折箭训子图（才·巴特尔 供图）

取来五支箭，用皮条将五支箭紧紧地捆在一起，让五兄弟轮流把它们折断。五兄弟用尽力气去折，谁也没能把这束箭折断。阿阑豁阿母亲拿着这束箭，说："近来，别勒古讷台、不古讷台背地里窃窃私语，怀疑你们的父亲去世以后，我怎么又生了三个儿子。可以说，别勒古讷台、不古讷台的怀疑是对的。你们不知道，自从你们的父亲去世以后，我每天晚上昏昏欲睡之时，都看见一团明亮的光从天窗射进来，化为金色神人，来到卧榻之前，不断抚摸我的肚子，将那光亮透入我的腹中。待到天亮时，再同黄狗般地爬出去。由此看来，这神人所出的儿子必为上天之子。你们怎么能乱加猜疑？怎么能和凡夫俗子相提并论？等到将来成为万众之主，人们才会明白的呀！"

阿阑豁阿母亲谆谆教导说："你们五兄弟都是从我肚子里生出来的，如果你们有矛盾，一个一个地分散开，那么就会像分开的一支箭一样，被任何人不费吹灰之力地折断；如果你们能够团结一致，同心协力，那么就会像束起来的五支箭一样坚强，不会被任何人所击败。"

◎ 孛端察儿

孛端察儿相貌奇异，又寡言少语，人们都说他愚笨。唯独阿阑豁阿母亲不但不认为他笨拙愚昧，而且对他疼爱有加。

阿阑豁阿母亲去世后，五兄弟中的别勒古讷台把母亲生前"五箭训子"的教诲抛到九霄云外，提出要分家，三个哥哥也默认了。他们把马群、食物等全部家产分作四份，别勒古讷台、不古讷台、不忽合答

牛头形装饰品。青铜器时代，生活在蒙古高原上的古人已经能够制作出极具地区特点的马具、武器和装饰品

后人在孛端察儿曾经待过的地方立起石碑、搭起"恩布勒"

> 恩布勒：古代蒙古人搭建在山林里、用来居住的简易木棚子。搭建时将几根木桩子上部交叉，再用绳子捆绑在一起，顶上苫上桦树皮和树枝、羊草等。这种简易木棚子具有拆卸简便的特点。如今，阿拉善地区的人们称之为"稍保代"，类似鄂伦春人的"斜仁柱"。

吉、不合秃撒勒只每人一份。他们没有把孛端察儿看作亲族，没有给他留一份家产，只给了他一匹脊背上生疮的秃尾黑背青白马。孛端察儿十分委屈，说："既然你们不把我当作亲族，我还赖在这里有何意义？我不要你们的家产，看我能不能活！是活是死，走着瞧！"说完，他拿起自己的弓箭，骑上秃尾黑背青白马气呼呼地走了。

孛端察儿顺着斡难河往下走，来到巴勒谆阿剌勒地方，捡了一些树枝和杂草，搭了一个简易的"恩布勒"住下。

有一天，孛端察儿看见一只雏鹰正在捕捉一只野鸡，便拔下秃尾黑背青白马的几根马尾，做成一个套索，悄悄地摸到雏鹰背后，套住了那只雏鹰。

孛端察儿天天上山打猎，或寻机猎取各种野物，或拾取野狼吃剩下的食物，然后与雏鹰分食，艰难度日。在他的调教下，那只雏鹰被训练成一只既忠诚又凶猛的猎鹰。

春天到了，候鸟北还。看见飞禽，孛端察儿立即将猎鹰放出去，猎鹰迅速将猎物擒住。猎取的野物越来越多，孛端察

恩布勒（草棚）

儿和猎鹰食用不完,他就把猎物挂在枯树上,任其风干或腐烂。

有一天,孛端察儿登高远眺,见远处有炊烟升起,原来是新近才沿着统格黎克小河迁徙而来的游牧民。之后,孛端察儿每天骑着他那匹秃尾黑背青白马,带着猎鹰捕猎,到那群游牧民那里用猎物交换马奶喝,晚上再回到他的恩布勒过夜。那些人既不问孛端察儿从哪里来,也不问他叫什么名字;孛端察儿也一样,没有问他们从哪里来,叫什么名字。那些人有意向他索取猎鹰,孛端察儿没有答应。

红陶牛。新石器时代的蒙古高原古文化遗物中,有相当一部分表现当时人们游牧和狩猎生活的细石器

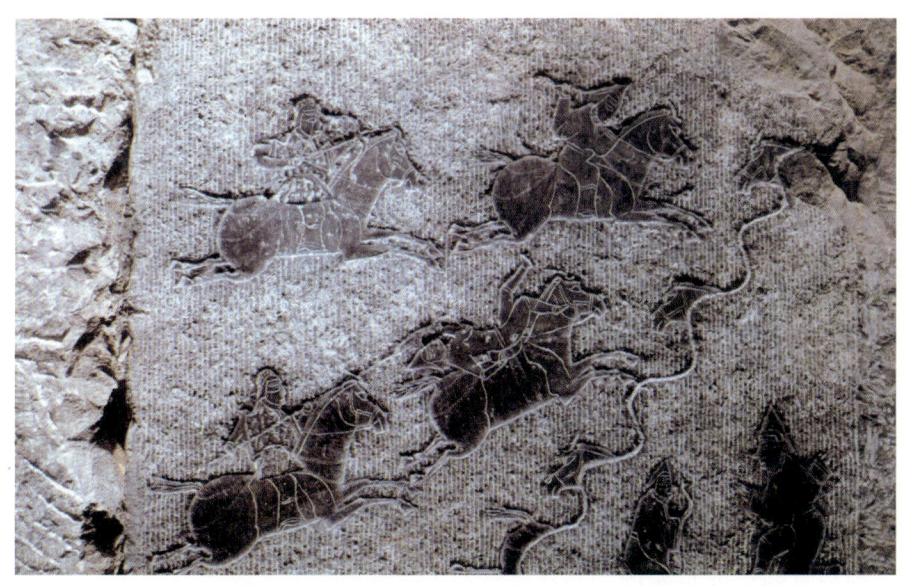

岩画——作战图

哥哥不忽合答吉知道孛端察儿顺着斡难河而去，便沿着斡难河寻找而来。有一天，他来到沿着统格黎克小河迁徙而来的牧民面前，向他们打听弟弟的踪迹。有一个人告诉他："我们是见过你所寻找的这么一个人，他每天都到我们这里来喝马奶。他不但骑着秃尾黑背青白马，还有一只猎鹰。我们不知道他住在何处，也不知道他的名字。有时西北风吹起，可以看见他的猎鹰所捕获的野鸭、雁的羽毛像雪片一样飘过来。所以，估计他的住处离这里不会太远。现在就要到他来的时间了，你就在这里等候他吧！"

蒙古国西南部脑彦山（音译）一带出土的匈奴刺绣残片

不一会儿，一个人骑马架鹰而来。不忽合答吉细细一看，果然是弟弟孛端察儿。兄弟俩见面悲喜交加，紧紧地拥抱在一起。两兄弟骑着马，沿着斡难河而行，孛端察儿边走边说："哥哥，哥哥，你说人身应有头，衣裳应有领，是吧？"不忽合答吉不知道弟弟在说什么，没有理睬他。孛端察儿见哥哥没有答话，又说了一遍，不忽合答吉仍然没有理睬。孛端察儿催马上前，凑到哥哥跟前，又重复了刚才那句话，不忽合答吉这才问道："你三番五次地重复那一句话，是什么意思？"孛端察儿回答说："刚才你看到的沿着统格黎克小河迁徙而来的那一群人，没有大小贵贱之分，也没有头领，像一盘散沙似的。我们何不把他们统统掳来，让他们为我们效力？"不忽合答吉听了，觉得很有道理，说："那我们先回去，同兄弟们商量商量掳掠他们的事儿吧！"回到家里，兄弟几个商议妥当，于是，孛端察儿打前阵，别勒古讷台、不古讷台、不忽合答吉、不合秃撒勒只兄弟四人随后赶到，群起而攻，把统格黎克小河边的百姓及财产全部掳掠而去。

青铜怪兽。匈奴时期的铜制物品中有大量生产生活用具、武器及装饰物,其中有很多以游牧生活为背景的手工艺品,风格多样,制作精良,表现了当时草原上人们的审美情趣

青铜老虎。匈奴时期的青铜作品,不仅是匈奴最突出的特色文化代表,也是极具影响力的艺术品

然后,兄弟五人把掳掠来的百姓和牲畜全分了。

孛端察儿妻妾成群,生下许多儿子,子孙繁衍,家族渐渐兴盛起来。久而久之,孛端察儿的后裔成为孛儿只斤氏。

孛端察儿正妻生下的儿子是合必赤把阿秃儿,合必赤把阿秃儿的独生子是篾年土敦,篾年土敦的长子是合赤曲鲁克,合赤曲鲁克的儿子是海都。

篾年土敦共有七个儿子，依次为合赤曲鲁克、合臣、合赤兀、合出刺、合赤温、合阑歹、纳臣把阿秃儿。他们的牲畜多得数不清，只能用盆地来估量，牛群、马群只能以毛色来划分。

当时，扎剌亦儿部争夺他们的草场和牲畜，并屠杀他们的百姓。只有海都被奶妈藏在柴火堆中，才逃过一劫。他的七叔纳臣把阿秃儿作为入赘女婿住在女方那里，避过一难。

海都长大成人后，在七叔纳臣把阿秃儿的支持下，向扎剌亦儿部发动进攻，并彻底征服扎剌亦儿部，把他们变成世代奴隶——门限之奴；并不断扩大自己的势力。四周部落渐渐归附于海都，他成为蒙古部真正的第一代首领。

海都长子名叫伯升豁儿多黑申，次子名叫察剌孩领忽，三子名叫抄真斡儿帖该。伯升豁儿多黑申的独生子名叫屯必乃薛禅。屯必乃薛禅长子名叫合不勒可汗，次子名叫挦薛出列。察剌孩领忽的长子名叫想昆必勒格。

> 门限之奴：战场上的俘虏或被打败的部落首领的属民被分配给蒙古部的功臣贵戚，供他们在家中使唤，这些人称为"门限之奴"。蒙古部以游牧业为生，这些门限之奴主要从事挤奶、加工奶食、备鞍子、剪羊毛、放牲畜等。门限之奴虽有奴隶之名，但他们中的大多数都有自己的家庭和生活。如果得到主人的特别赏赐，他们还可以转为平民。

历史车轮

时间： 12世纪初

人物： 合不勒可汗、俺巴孩可汗、忽图剌可汗、也速该把阿秃儿、铁木真

合不勒可汗的夫人是弘吉剌惕（又写作翁吉剌惕）部人。她的弟弟赛因斡惕赤斤得了重病，族人都很着急，就把塔塔儿部很有名气的萨满巫师请来给赛因斡惕赤斤治病。巫师频频施法，可赛因斡惕赤斤的病情始终不见好转，没过几天竟一命呜呼了。赛因斡惕赤斤的兄弟们都说是萨满巫师将其害死的，将巫师痛打了一顿，之后仍觉得不解恨，又派人尾随其后，将其杀死。从此，塔塔儿部与蒙古部结下了仇。

出土于内蒙古鄂尔多斯市杭锦旗阿鲁柴登墓的匈奴时期的鹰形金冠顶饰

反映北方游牧民族游牧生活的壁砖画,现收藏于甘肃省博物馆

◎ 铁木真之先祖

合不勒可汗是屯必乃薛禅的长子、成吉思汗的高祖,孛儿只斤氏人。合不勒可汗在蒙古各部落中德高望重,想昆必勒格死后,他统领合木黑·忙豁勒(全体蒙古人),后又经过忽里勒台,被推举为汗。从此,蒙古部落

> 汗:11世纪末或12世纪初,使用蒙古语的一些大部落有了各自的首领,开始使用"汗"号。汗不仅是部落的首领,也是军事统帅;不但要管理部落之间征战或议和方面的事情,也负责战利品的分配以及部落内部的协调,有着相当的权力(汗、罕、可汗、可罕、合罕等,在蒙古语中的意思完全相同)。

> 合木黑·忙豁勒:是合不勒可汗所建立的尼鲁温(也写作尼伦)蒙古政权。尼鲁温,蒙古语原意为"腰脊""腰杆""主干",本处指阿阑豁阿母亲所生的不忽合答吉、不合秃撒勒只、孛端察儿三个儿子分别衍生出合答斤、撒勒只兀惕、孛儿只斤三个姓,他们的后裔称为尼鲁温蒙古。尼鲁温转意为"山脊、屋脊",故也有专家解释说,尼鲁温蒙古是指山腰上的蒙古,迭儿勒斤蒙古是指山腰下的蒙古。

匈奴时代的装饰品。匈奴文化遗物中多见反映凶猛禽兽的力量和威猛的图案

首领开始使用"汗"号。合不勒可汗建立的合木黑·忙豁勒的疆域,主要是斡难河、土兀剌河(今土剌河)、客鲁涟河(今克鲁伦河)三河流域之地。

就在合不勒汗建立的合木黑·忙豁勒势力逐渐强大之时,女真族所建的金朝也在中原地区迅速发展起来。金熙宗为了拉拢合不勒汗,遣使把合不勒汗邀请到金国都城会宁(今黑龙江阿城),并在宫殿设宴款待。虽然金朝皇帝热情招待,但合不勒汗心有顾忌,害怕金人在食物中下毒,便借口小解离席外出,将吃下去的东西全部吐出去,然后再回到餐桌上继续饮

> 忽里勒台:又作"忽邻勒塔"或"忽里台",蒙古语为"聚会""会议"的意思。忽里勒台是蒙古历史上最初的诸王大会,各部落首领聚在一起,商定解决所面临的迫切且重大的问题。从在忽里勒台上提出议案到最后做出决定,往往持续数月甚至更久。推举可汗是极其重要的一项内容,如果没有合理理由却不前来参加忽里勒台,会被视为背叛。通过忽里勒台被推举为可汗的人,将享有绝对权力。

酒。一天,金朝皇帝又设宴招待他,合不勒汗毫无拘束,放开酒量喝起来。无数杯酒喝下后,他不知不觉有了几分醉意,忘记了一切礼仪,竟来到金朝皇帝面前,伸手去抓金朝皇帝的胡须。金朝皇帝旁边的大臣们见合不勒汗如此无礼,非常气愤,纷纷上前要捉拿合不勒汗。金朝皇帝为了拉拢蒙古部,表现得十分大度,若无其事地对着合不勒汗微笑。合不勒汗一惊,顿时出了一身冷汗。他知道自己闯下了大祸,立即跪到金朝皇帝面前连连赔罪。金朝皇帝非但没有怪罪他,还命人取来许多金子、宝石和衣物作为厚礼赠送给合不勒汗,并且彬彬有礼地将合不勒汗送了回去。合不勒汗刚刚离开京城,一位大臣对金朝皇帝说:"把这样的人放回去,早晚要成为我们的祸患,应该派人把他抓回来。"金朝皇帝采纳了大臣的意见,派人去追赶合不勒汗。合不勒汗根本不理睬金朝皇帝的命令,打马赶回草原。

萨满用具。萨满的穿戴品有神帽、神衣、神裙、神靴等,用具有神鼓、神鞭、神刀、神杖等

嘎仙洞

金朝皇帝第二次又派了几个使者,想强行带合不勒可汗回金朝。合不勒汗和部落人们商量后,把金朝的使者杀死了。金使被杀的消息传到金廷,金朝皇帝大怒,立即派遣统兵官胡沙虎率兵前往讨伐。胡沙虎到了蒙古境内,因不熟悉地形,只是一味地乱撞,时间长了,又断了粮草,只好退兵回朝。胡沙虎刚刚退至海岭(今海拉尔地区),合不勒可汗的蒙古兵一路追杀而至,大胜而归。

这次战役之后不久,合不勒可汗就病故了。合不勒可汗有七个儿子,可是他临死的时候并没有把汗位传给自己的儿子们,而是留下遗嘱,把汗位传给了他的族弟、同是海都重孙的泰赤兀惕部的俺巴孩。

合不勒可汗的七个儿子依次为斡勤巴儿合黑、巴儿坛把阿秃儿、忽秃黑秃蒙古儿、忽图剌、忽阑、合答安、脱朵延斡惕赤斤。

斡勤巴儿合黑之子是忽秃黑秃禹儿乞,忽秃黑秃禹儿乞的长子名叫撒察别乞,次子名叫泰出。巴儿坛把阿秃儿有四个儿子,长子名叫忙格秃乞颜,次子名叫捏坤太师,三子名叫也速该把阿秃儿,四子名叫答里台斡惕赤斤。忽秃黑秃蒙古儿的儿子名叫不里孛阔。

俺巴孩是成吉思汗六世祖海都之次子察剌孩领忽的儿子想昆必勒格的儿子，他既有勇又有谋，因此深得合不勒可汗的信任。合不勒可汗去世以后，遵照合不勒可汗遗嘱，大家经过忽里勒台商议，将俺巴孩推举为全体蒙古人的可汗。

俺巴孩可汗即位以后，采取了与塔塔儿人和平相处的政策，同意了居住在捕鱼儿海子（今贝尔湖）、阔连海子（今呼伦湖）之间的兀儿失温河（今乌尔逊河）一带的阿亦里兀惕、备鲁兀惕塔塔儿部人欲娶俺巴孩之女为妻的意愿，并决定亲自送女去成婚。哪知塔塔儿人请求娶女是假，借机报仇是真，当俺巴孩送女到达塔塔儿地界，塔塔儿人不由分说便将俺巴孩可汗捉住，并转送到了金朝。金人对蒙古久怀宿怨，遂将俺巴孩押上刑场，使用极其残酷的刑罚，把他钉到"木驴"上处死了。临死之前，俺巴孩嘱咐他的随从、别速惕氏的巴剌合赤说："你一定要转告合不勒可汗七个儿子中的忽图剌、我十个儿子中的合答安，我作为万民可汗，竟因为护送自己的女儿出嫁而被塔塔儿人擒拿。今后你们一定要以我为戒，就是把你们的五个手指甲都磨秃了，十个手指头都抠烂了，也要为我报仇雪恨！"

忽图剌是合不勒可汗的第四个儿子。俺巴孩可汗有十个儿子，其中合

三棱箭头

> 木驴：一种木制刑具。钉木驴就是将人四肢打开，固定在木驴上，分别用钉子钉住，然后在阳光下暴晒，活活把人折磨死的一种刑罚。

答安最有名气。

因为俺巴孩可汗临死之前点名合答安和忽图剌为他报仇,因此,全体蒙古人和泰赤兀惕部人在斡难河畔的豁儿豁纳黑草原上召开忽里勒台,一致推举忽图剌为可汗,合答安为太师。举行如此重要的活动,蒙古人当然要摆下宴席,庆祝一番。大家大块吃肉,大碗喝酒,喝到高兴之处,众人环绕着豁儿豁纳黑草原上一棵枝叶繁茂的大树跳起了欢快粗犷的舞蹈,竟跳得绿草上被踏出了一条圆形的小径,扬起了没膝的尘土,欢声笑语响彻云霄。

忽图剌可汗十分勇敢,他身材魁梧,喊声如雷,隔着七座山都能听到他的吼声。他每餐能吃掉整整一只三岁子羊,能喝进几小桶马奶酒。他力大无比,那胳膊的力量胜过三岁子熊掌,他用双手抓起一个无比强壮的人,可以毫不费力地扭断其脊梁。数九寒冬,他把整捆儿木柴放到火堆上,躺在火堆旁边睡觉,燃起的火堆中有几块烧红的炭星溅到他的身上,烫伤了他的皮肤,他还以为虱子在咬他,搔搔身子就又睡着了。

有一次,忽图剌可汗与金人打完仗,回来的路上和部落的几个人打猎,不料遭到朵儿边部人的突然袭击。几个人分头逃跑,忽图剌可汗的战马却陷进沼泽地里动弹不得,他只得站到马鞍子上,跳到沼泽地里,很快不见了人影。朵儿边人来到沼泽边看到这个情景,说:"作为一个蒙古人却弃马而逃,看来他是个无能之辈!"他们

元代刻有荷花图案的高足金杯

21

岩画——太阳神。蒙古高原上的岩画是古代游牧民族对神灵、对自然的敬畏与崇拜的反映和注解

没有继续追赶,返身回去了。

先跑回家的几个随从以为忽图剌可汗必死无疑,就报了丧。可忽图剌可汗夫人绝不相信忽图剌已经死去,说:"他是个喊声震天、力气大过熊的人,绝不会被朵儿边人捉住的,可能被别的什么事儿给耽搁了,不久一定会回来的。"

朵儿边人走后,忽图剌可汗从沼泽中站起,又一把抓住马鬃把马拉出来,骑上马往回走。他一路走一路想:"我遭到突然袭击,受了这个窝囊气,怎么能空手而归呢?"便从朵儿边部的牧场上赶上一群马满载而归。

1139年,金朝以反对金朝、阴谋反叛的莫须有罪名,处死了左丞相达赖,达赖的儿子腾花都率领父亲的旧部从辽东起兵反金,并请求蒙古出兵援助。忽图剌可汗侵袭金朝边境,消灭守军,掳掠而归。1146年,金朝命兀术率八万大军进攻蒙古,收效不大。1147年,金朝和蒙古议和,将客鲁涟河以北二十七个城塞划拨给蒙古,并承诺向蒙古岁奉一定数量的牛羊和粮食。

匈奴时代的金腰带扣，上面有嘴里叼着牛的老虎图案

忽图剌可汗继位之后，和合答安太师一起，一心想着给俺巴孩报仇。虽然与塔塔儿首领阔端巴剌合和札里不花先后打过十三次大仗，但只是互有胜负，蒙古没有能报俺巴孩可汗被杀之仇。1161年，忽图剌可汗去世。忽图剌可汗有三个儿子，分别叫拙赤、吉儿马兀、阿剌坛，但忽图剌可汗生前没有指定继承人，也没有人召集忽里勒台选举新的可汗。于是，年轻的也速该成了事实上的首领，临时管理合木黑·忙豁勒。

◎ 铁木真之父也速该把阿秃儿

也速该是巴儿坛把阿秃儿之子、合不勒可汗的亲孙子，乞颜部孛儿只斤氏人。

也速该少年英武，臂力过人，善于骑射，

> 把阿秃儿：即巴特尔，意为"英雄、勇士"。这在古代蒙古人中是一个称号。能够得到这个称号的人，必须既力大无比，又智勇双全，有些人还是部落、氏族的头领。

23

勇武绝伦。他平时经常在斡难河畔游猎,所得猎物总比别人多,年纪轻轻已是闻名遐迩,赢得了"把阿秃儿"之美称。

一天,也速该又带着猎鹰前往斡难河畔去射猎,远远望见一个男子骑着高头大马,引着一辆毡车沿河而来,车上坐着一位美貌少女。原来是蔑儿乞惕部落一个名叫也客赤列都的人,从斡勒忽讷兀惕部娶妻而归。只见那女子端端正正地坐在车上,身材窈窕,眉清目秀,面若桃花,眼似秋水,犹如天仙下凡,美丽异常。也速该立刻打马飞驰回家,叫上哥哥捏坤和弟弟答里台斡惕赤斤,让他们两人帮助他抢夺那个美貌女人。

蒙古国肯特山上纪念成吉思汗诞生地的敖包

也客赤列都见远处有三骑烈马飞驰而来，似有不善之意，急忙调转马头往山涧里逃去，也速该三人随后追赶。也客赤列都绕过一个山嘴，暂时甩掉也速该三人，又回到妻子诃额仑的车旁。诃额仑慌忙对他说："看来那三个人来意不善，恐怕要加害于你，你赶快跑吧。只要保全了性命，你还可以娶到像我这样的女人。如果你想念我，将来再娶个妻子，就让她改成我的名字吧。"说罢，诃额仑脱下一件衣衫，双手递给他。也客赤列都刚把那件衣衫接过来，也速该兄弟三人也绕过山嘴追过来了，见情势紧急，他急忙驾马沿着斡难河飞也似的跑走了。也速该三人追过七个山头也没有追上，只好返回诃额仑的车旁，见诃额仑正坐在车里大哭。也速该上前牵住诃额仑毡车的马缰绳，捏坤在前边引路，答里台斡惕赤斤在旁边扶着车辕，几个人一起回返。诃额仑边行边哭，无比伤心：

"我的丈夫也客赤列都啊，
在吹乱乌发的野风中，
在漫漫无际的荒野里，
你将如何熬过，
那形单影只饥肠辘辘的日子啊？
如今的我，
长发两辫前后分，
此苦此难怎度过？"
答里台斡惕赤斤见诃额仑哭得如此伤心，就劝道：
"搂抱你的丈夫，
已越过重重山岭远去。
你挂念的男人，
已涉过道道河水远去。
任你如何哭叫，
他也听不见了，
再也不会回过头来寻找你了。
就是回过头来寻找你呀，

蒙古人狩猎图

也无法找到了,

你还是停止哭泣吧!"

这便是也速该把阿秃儿把诃额仑抢回来做妻子的过程。

◎ 铁木真诞生

铁木真为尼鲁温蒙古人,乞颜部孛儿只斤氏,1162年诞生在斡难河畔迭里温孛勒答黑这个地方。在一次征伐塔塔儿部的战斗中,也速该把阿秃儿活捉了塔塔儿部两员大将帖木真兀格和豁里不花。回来时,正好妻子诃额仑夫人生下了第一个儿子。儿子生下来时,右手握着一个血块儿,大如髀石。为了纪念擒住了塔塔儿部帖木真兀格的胜利,也速该便给这个刚出生的儿子起名为铁木真。

诃额仑夫人与也速该成亲之后,相继生下长子铁木真、次子合撒儿

（又名拙赤合撒儿，也写作哈撒儿、哈萨尔等）、三子合赤温（又名合赤温额勒赤）、四子帖木格斡惕赤斤和女儿帖木仑。此外，也速该另纳他妇速赤格勒，生下了别克帖儿、别勒古台。

◎ 铁木真定亲

1170年，铁木真九岁的时候，他的父亲也速该把阿秃儿带他到弘吉剌惕部斡勒忽讷兀惕族中去相亲。当他们走到扯克彻儿山和赤忽儿古山之间时，正好遇到了弘吉剌惕部落的德薛禅。他看到蒙古部首领也速该把阿秃儿，赶忙上前搭话道："也速该把阿秃儿，您这是从哪里来，要到哪里去呀？"也速该回答道："我从蒙古部家中来，要到孩子的母舅族斡勒忽讷兀惕处为孩子相亲。"德薛禅听说也速该要为儿子求婚，把目光移到铁木真身上，对也速该说："也速该亲家，我看您的儿子眼中有火，面上有光，日后必有大出息。昨夜我做了一个离奇的梦，梦见一只白色海青鸟，一只

元代具有海浪波纹图案的瓷盘。中国古代青瓷及烧制方法通过丝绸之路传到了欧洲

爪子抓着太阳，一只爪子抓着月亮，从远处飞来，落在我的手上。日月高悬天空，只能仰望，如今白海青鸟却把它抓来给我，对我来说是何等幸运？今天您领着儿子来到此处，莫非是应了我的梦？原来是你们乞颜神鸟托给我的梦啊！"说到这里，德薛禅用诗一样的语言赞美起他的部族：

"我们弘吉剌惕部人，

从来不掠夺别的部落和百姓，

不侵伐他人的国土。

使美貌的女子，

坐在大车上，

驾着黑色的骆驼，

一点一点地跑到可汗的面前，

让她作为妃子，

和可汗坐在一起。

我们不争夺他人的百姓，

使美貌的女子，

坐在有座的车上，

驾着青色的骆驼，

一晃一晃地走到至尊高位者的身旁，

成为亲密的伴侣。

我们弘吉剌惕部人，

自古多有美貌的女子，

我们一直以外甥的仪表和

姑娘的美貌为人称道。"

赞美完自己的部落之后，德薛禅又说："我们弘吉剌惕部，男儿生来留在家乡看守营地，生女则嫁到外乡。也速该亲家，到我家去吧，我家有一个小女，名叫孛儿帖，今年十岁，比您的儿子大一岁。您去看看，说不定您一看就中意了呢！"

到了德薛禅家里，也速该看到孛儿帖虽然年纪不大，但聪慧伶俐、礼貌谦让,心中暗暗喜欢。第二天一早,也速该便去找德薛禅,提出为儿子铁木真向孛儿帖求婚的请求。德薛禅当然十分高兴,他说:"按照我们弘吉剌惕部的风俗,多次求婚再答应才显得高贵,一次求婚就答应显得低贱。但是女孩子不能总留在家中,总是要出嫁的,所以我可以破例,现在就答应您。"听了德薛禅的话,也速该非常高兴,当即表示感谢。接着,德薛禅又说:"按照我们的习惯,两家定亲以后,男孩要留到女方家入赘。您既然答应了这门亲事,就把铁木真留下吧!"也速该当即应允,只是说:"我的孩子怕狗,亲家,可别让狗惊吓了我的儿子呀!"也速该嘱咐完毕,把带来的从马当作聘礼送给德薛禅,然后留下铁木真,一个人骑马回家了。

◎ 也速该把阿秃儿被害

也速该从德薛禅家返回的路上,走到扯克彻儿山附近的失剌草原时,遇到一群塔塔儿人正在举行宴会。那些塔塔儿人见有人经过,热情地邀其入席。也速该生性豪爽,加上途中饥渴,便答应了他们的邀请,下马入宴。席间,塔塔儿人认出了也速该,想起了九年前也速该大杀塔塔儿人之仇,便在酒肉里偷偷地下了慢性毒药。也速该离开那里后,行不多时,就感觉身体有些不适,腹中隐隐作痛。他知道自己中了毒,便加快行进速度,快马加鞭地熬了三天,勉强回到家中。

也速该一回到家里,便一头栽倒在地,有气无力地叫道:"谁在家呀?"恰巧此时诃额仑及其子女都不在家,只有晃忽坛部察剌合老人的儿子蒙力克在附近,听到也速该的叫声,他赶紧跑过来。也速该断断续续地说:"我带着儿子铁木真到弘吉剌惕部去说亲,把铁木真留在德薛禅家回来了。路上,我吃了塔塔儿人下了毒的酒肉,现在快不行了。你快去把铁木真叫回来。孩子们年幼,以后,照看孤儿寡母的事情就托付给你了!"蒙力克刚走,也速该就死了。

蒙力克打马飞奔到弘吉剌惕部,对德薛禅说:"也速该把阿秃儿十分想念铁木真,想得直心疼,因此让我来把铁木真领回去。"德薛禅听了这话,说道:"既然亲家如此想念自己的儿子,那就让他回去看看吧。但你要保证,一定要让铁木真早点回来。"蒙力克说:"一定,一定!"然后,带着铁木真飞也似的跑回家中。

铁木真回到家里,才知道父亲已不幸去世,他伤心异常,痛哭不止。

第二部 铁木真称帝之路

艰苦的少年时代

时间： 12 世纪中叶

人物： 诃额仑夫人、铁木真、孛儿帖、锁儿罕失剌、孛斡而出

也速该把阿秃儿被塔塔儿人毒害致死之后，泰赤兀惕贵族内部发生了争夺汗位的斗争，致使蒙古部四分五裂，如一盘散沙。于是，以塔儿忽台乞邻勒秃黑为首的泰赤兀惕人在斡难河流域一带，以札木合为首的札答阑部在额儿古涅河流域一带，以撒察别乞、泰出为首的主儿勤部在斡难河、客鲁涟河流域一带，各自为政。

◎ 诃额仑母亲的恩德

也速该把阿秃儿被塔塔儿人毒害致死之后，属于俺巴孩后裔的泰赤兀惕部认为诃额仑夫人和年幼的铁木真兄弟孤儿寡母成不了什么气候，不但

蒙古皇妃的座椅（位于蒙古国肯特省巴彦阿德拉格县）

铁木真和他的弟弟图（阿拉达尔图 供图）

逐渐疏远他们，还处处给他们难堪。

有一次，俺巴孩可汗的两个妃子斡儿伯和莎合台去行祭祖之礼，故意不告诉诃额仑夫人。待诃额仑夫人得知了这一消息赶过去，已经晚了，什么祭品也没有分到。诃额仑夫人非常生气地质问道：

"你们以为也速该把阿秃儿已经故去，
我的儿子将来长不大吗？
为什么起营的时候也不呼唤我们？
为什么不分给我们应得的祭祀祖先的胙肉、供酒？
为什么不等我，让我落空呢？"
俺巴孩的两个妃子说道：
"没有把你请来相分的道理，
如果赶上了，你当然可以分。
没有给你送去的道理，
如果分到了，你当然可以吃。

正因为俺巴孩可汗死了,

连你诃额仑也敢这样责难我们了。"

说罢,她俩又对众人说道:"诃额仑不是说我们起营的时候不唤醒他们吗?那么,我们明天起营走时,就把他们母子撇在营盘里,不带他们走。"

第二天,泰赤兀惕部的塔儿忽台和脱朵延带着泰赤兀惕部起营,顺着斡难河迁走的时候,果然把铁木真兄弟和诃额仑夫人遗弃在荒寂的草原上。晃忽坛部的察剌合老人实在于心不忍,上前力劝。脱朵延却说:"现在,深水已经干涸了,明石已经破碎了,你不要劝我了。"察剌合老人

古代蒙古军头盔

不甘心,拉住脱朵延的衣袖苦苦哀求,脱朵延恼怒了,竟然抓起一杆长枪刺中察剌合老人的脊背,然后率众扬长而去。

察剌合老人受伤后,回到家里痛苦地躺着。铁木真前来看望,察剌合老人说:"你父亲聚集起来的众百姓,都要被他们带走了,我上前劝阻,竟被他们刺伤了。"铁木真哭着走了。

诃额仑夫人听说也速该部众在泰赤兀惕人的煽动下纷纷离去,非常气愤。她上马疾驰,手持也速该留下的象征蒙古部落权力的苏力德一路追赶。她虽然劝回了一些人,但在泰赤兀惕人的威逼下,这些人又跟着泰赤兀惕人走了。不久,察剌合老人因伤势严重,含冤离开了人世。

诃额仑夫人是非常坚强的女性。从此,她一人挑起生活的重担,沿着

> 纛:意为"旗"。纛和战鼓是出征的象征,蒙古人也称之为"苏力德"。苏力德主要分为查干苏力德(白纛)、哈剌苏力德(黑纛)。成吉思汗的九斿苏力德现在供奉于内蒙古鄂尔多斯市伊金霍洛旗成吉思汗陵。

斡难河畔不断地采集野物、捕捞鱼虾,艰难地抚养着铁木真等几个儿女。《蒙古秘史》中这样赞美她:

"生来贤能的诃额仑夫人,
养育了幼小的孩子们。
她紧紧戴着固姑冠,
以腰带束紧长袍,
奔波在斡难河畔,
采拾杜梨和野果,
为糊口日夜辛劳。
生来有胆识的诃额仑母亲,
养育了有福分的孩子们。
她拿着削尖的桧木橛,
穿梭在斡难河畔,
挖掘地榆根、狗舌草,
养育孩子们成长。
诃额仑母亲以野菜、山葱
养育的儿子们,
终将成为可汗,
诃额仑母亲用山丹根
养育的儿子们,
终将成为英明的统帅。"

在诃额仑母亲的抚养下,铁木真兄弟几个渐渐长大。他们为了减轻母亲的负担,学会了将针弯成钓钩,到河边去钓鱼;自己动手做出弓箭,到山上去射各种鸟雀。

有一天,铁木真、合撒儿、别克帖儿、别勒古台四个人一同坐在河边钓鱼,铁木真钓上了一尾小白鱼,被别克帖儿、别勒古台两个人夺去了。

铁木真、合撒儿两个人回到家里,对诃额仑母亲说:"一条小白鱼衔了钩,却被别克帖儿、别勒古台两个人夺去了!"诃额仑母亲说:"你们不要那么做。唉！哥哥、弟弟之间怎么可以这样不和？我们正处于影子外无伴、尾巴外无鞭的境地，形单影只，孤苦无依。你们要是这样，我们怎么能报复泰赤兀惕人加予我们的痛苦呢？为什么你们像阿阑豁阿母亲的五个儿子一样不和睦呢？以后你们不要这样了。"铁木真、合撒儿两人不满意地说："以前抢去了我们用箭射中的鸟儿，如今又夺走了我们钓上的鱼，这让我们怎么共处呢？"说着，把门一摔就走出去了。这时候，别克帖儿正坐在小孤山上放牧着九匹银灰色骟马。铁木真从他背后，合撒儿从他前面，抽箭上弦地摸过去，别克帖儿看见了，说："泰赤兀惕人的仇还没报，我们正处于商量如何报仇之际，你们为什么把我看成眼中钉、肉中刺呢？在这样影子外无伴、尾巴外无鞭的时候，你们为什么要这样呢？请不要断绝灶火，不要撇弃别勒古台！"说完，他盘腿坐着等候他们射箭。铁木真、合撒儿一前一后把别克帖儿射杀了而去。

铁木真、合撒儿刚一进家门，诃额仑母亲就觉察到两个儿子的神色不对。她说道：

"屠戮骨肉的你，

残害同伴的你，

从我温热的身体中出生时，

握着一块凝血的你，

真是凶残至极。

如同

撕扯肋骨的黑狗，

如同

从悬崖上俯冲的凶鹰，

如同

愤怒暴跳的雄狮，

如同

吞噬生灵的蟒蛇，

如同

自戕影子的猛禽，
如同
凶猛残暴的野兽，
又如
咬断羔驼后腿的公驼，
雨天猛扑羊群的恶狼，
又如
小雏不飞走就将其吞食的鸳鸯，
守护自己巢穴的豺狼。
你这如狼如虎又如猛禽的孩子呀，我们影子之外无同伴，尾巴之外无甩鞭，现在正是为报泰赤兀惕欺辱我们之仇而愁思之时，

在北京发现的元代青瓷扁茶壶

你们怎能干出这等事儿来？"诃额仑母亲愤怒至极，引用箴言和家训，训斥了两个孩子一顿。

◎ 铁木真被抓

一天，塔儿忽台召集泰赤兀惕部众，说："雏鸟已经换毛，羊羔已经长大，铁木真也长大成人了。我们不能再在毡帐里高枕无忧，要把铁木真抓来，以除后患。"于是，他率领泰赤兀惕人前去袭击铁木真母子。诃额仑夫人闻讯十分害怕，带着孩子们躲进了山林，在山林中修筑起栅寨。别勒古台折取树木修起一道藩篱，合撒儿拿起弓箭准备抗敌，合赤温、帖木格斡惕赤斤、帖木仑三人藏于崖缝中。泰赤兀惕部人赶到，大声喊道："只捉拿铁木真一个人，别人谁也不要。" 诃额仑夫人听到喊声，知道他们是专门冲着铁木真来的，便催促铁木真快跑。于是，在大家的掩护下，铁木真悄悄骑上马向帖儿古捏温都儿山上的密林跑去。泰赤兀惕人见铁木真钻进了高山密林，不敢贸然进入，便把山林团团围住。

铁木真在树林里藏了三天三夜，当他牵马想要走出密林时，马鞍突然脱落了。他仔细一看，攀胸、肚带依然系着，鞍子却落到了地上。"虽然肚带可以脱落，但系着攀胸的鞍子怎能脱落呢？莫非是上天阻止我出去吗？"于是，铁木真又躲避了三天。当他再度想出去时，一块大如帐房的巨石挡住了他走出去的路。"莫非是上天的暗示？"铁木真又回到原处待了三天。连续九天米粒未进，铁木真再也无力坚持，他

萨满服饰

想："如此默默无闻地饿死，还不如出去闯一闯，或许能闯出一条生路！"于是用刀砍断一些树木，砍出一条绕过巨石的路，牵着马走了出来。结果，一出密林就被泰赤兀惕人抓去了。

泰赤兀惕人抓住了铁木真，为了炫耀胜利，给他戴上木枷，巡行示众。巡行几天以后，泰赤兀惕人在斡难河畔大摆筵宴，全体人员都去参加了，只将铁木真用木枷锁住留在营中，命令一个瘦弱的小卒看管。铁木真知道，逃跑的时机到来了。当太阳将要落山，参加宴会的人们差不多喝得酩酊大醉之时，铁木真悄悄凑到那个瘦弱的小卒跟前，突然举起木枷对准小卒的脑袋狠狠地砸了下去。小卒应声倒地，铁木真撒腿便向斡难河边的树林跑去。小卒只是受到打击，伤势并不重。他见铁木真逃走，急忙大喊："俘虏跑了！俘虏跑了！"宴席上的人们听到喊声，醉意顿消，塔儿忽台马上组织人马追赶。为了躲避泰赤兀惕人的搜寻，铁木真机警地仰卧在一条水沟中，利用木枷浮起，只把面部露出水面。搜寻的队伍中有一个速勒都思人，名叫锁儿罕失剌。他来到水沟旁边，正好看到铁木真仰躺在水沟里，便悄悄地说："铁木真，你这样藏身甚好。泰赤兀惕人因为你双目

有神、面上有光而嫉恨你。你不要害怕，就这样躺着，我不会告发你。等到搜寻结束，你再离去。"泰亦赤兀惕人搜查了一遍，没有发现铁木真，觉得奇怪，重新进行搜查。锁儿罕失剌说："我们还是按照原路各自进行搜查吧。"众人表示赞同。锁儿罕失剌按原路来到铁木真藏身之地，说："泰赤兀惕人正恨得咬牙切齿呢，你不要动，再坚持一会儿！"说完就走了。

泰赤兀惕人搜查两遍也没有找到铁木真，又商量要搜查第三遍，锁儿罕失剌说："铁木真逃跑时，天还没有黑，那时候都没有找到，现在这么黑了，怎么能搜查到呢？我看咱们再按原路搜查一遍，如果还找不到，就等到明天再找吧。一个身戴木枷的人还能跑到哪里去？"众人听锁儿罕失剌说得有理，都表示同意。锁儿罕失剌再次来到铁木真身旁，说："我们再搜查一遍就不再搜查了。等到搜寻你的人们散去，你赶快去找你的母亲和弟妹们吧。如果遇到人，千万别说看到过我。"锁儿罕失剌说完就回家去了。

等到搜寻的人群散去以后，铁木真从水沟里爬了出来。他想：前两天巡行示众走到锁儿罕失剌家里的时候，锁儿罕失剌的两个儿子沉白和赤剌温看到我受此折磨，非常同情，曾偷偷地将我身上的木枷取下，让我睡了个安稳觉。今天，锁儿罕失剌三次经过我身旁，都没有报告泰赤兀惕人，

出土于内蒙古敖汉旗敖吉乡的元代龙头银制酒杯

相信他们一定会搭救我。于是，铁木真三步并作两步向锁儿罕失剌家的方向跑去。

锁儿罕失剌的家很容易找到，因为他们家每天晚上都要捣奶子，声音传得很远。当铁木真顺着捣奶子的声音出现在锁儿罕失剌家时，锁儿罕失剌大惊失色，说道："我不是让你赶快去找你的母亲和弟妹们吗，你怎么跑到这儿来了？"

萨满形象的工艺品

锁儿罕失剌的两个儿子沉白和赤剌温觉得应该侠义相助，对父亲说："当猎鹰追赶鸟雀，鸟雀藏身于树丛，树丛还帮助掩护呢！现在铁木真来投奔我们，怎么能不相助呢？"他俩把铁木真戴着的木枷打碎烧掉，然后把铁木真藏到装羊毛的车子里，并让小妹合答安在旁边照看，嘱咐她不许跟任何人说。

泰赤兀惕人又搜寻了两天，仍没有找到铁木真。第三天，有一个人说："一个戴着木枷的少年能跑多远，说不定是我们自己的人把他藏起来了呢。"于是，泰赤兀惕人便挨家挨户地搜查起来。当他们搜查到锁儿罕

元代贵族妇女使用的包金马鞍。马鞍正面图案是一只长角鹿卧在海棠花丛中，外面有牡丹花图案镶边（出土于内蒙古锡林郭勒盟）

> "帖勒"羊羔:吃两个母羊乳的肥羊羔。《蒙古秘史》中两次提到帖勒羊羔,第一次是锁儿罕失剌一家救了铁木真,在铁木真临走的时候,给他煮了一只帖勒羊羔,供他路上吃;第二次是孛儿忽勒帮助铁木真找回八匹骟马,送铁木真回家的时候,杀了一只帖勒羊羔煮了肉,给铁木真当作干粮。说明主人慷慨大方。

失剌家时,把屋里、屋外认真地翻找了一遍,都没有搜到铁木真,最后来到装羊毛的车子旁。一个人上去就扒拉车门前的羊毛,眼看铁木真的双脚就要露出来了,情形万分危急,锁儿罕失剌忙说道:"这么炎热的天气,羊毛里怎么能藏着人呢?"搜查的人觉得此话有道理,便停止了对羊毛车的搜查,悻悻地离开了。

搜查的人走了,锁儿罕失剌长吁了一口气,对铁木真说:"你差一点儿断送了我们一家人的性命,我再也不敢留你了,你赶快去找你的母亲和弟妹们吧!"他给铁木真煮了一只"帖勒"羊羔,带了一皮囊酸奶、一张弓两支箭和一匹没有备鞍子的甘草黄毛色的没有驹子的空怀骒马,让他趁着天黑赶快去寻找他的母亲和弟妹们。

铁木真向这善良的一家人诚恳道别,骑马来到之前修筑栅寨的旧营地,从那里顺着倒伏的草径折向斡难河,到达从西淌来的乞沐儿合小河附近,逆乞沐儿合小河而上,最后在别迭儿山嘴的豁儿出恢山找到了母亲和弟妹们。

母子相聚后,他们来到不儿罕合勒敦山南麓的古连勒古山中,在桑沽

> 一张弓两支箭:是锁儿罕失剌送给铁木真在路上防身用的。一匹没有备鞍子的甘草黄毛色的没有驹子的空怀骒马:骑这样的马看上去不像赶远路的,不会引起人们的注意;没有驹子的空怀骒马不会留恋马驹,又老实,赶路不受干扰。反映了锁儿罕失剌一家人用心良苦。

儿小河（今客鲁伦河上游支流诚格尔河）旁的合剌只鲁格山阔阔海子边安下营寨，捕食旱獭、田鼠度日。

◎ 孛斡而出

有一天，在铁木真家附近吃草的八匹白色骟马被贼赶走了，家里仅剩下的一匹秃尾劣黄马正好被别勒古台骑走去打旱獭，铁木真干着急没办法，只好等他回来。夕阳西坠时，别勒古台将猎杀的旱獭驮在马背上，牵着马回来了。听到八匹骟马被盗贼掠了去，别勒古台、合撒儿争着要去追，铁木真说他们年龄小不能去，自己骑上这匹秃尾劣黄马，沿着八匹马的蹄迹飞也似追赶而去。行了三天三夜，遇见一个大马群。他看到一位青年正在挤马奶，便上前问道："小兄弟，你看没看见有人驱赶着八匹白色骟马从这里经过？"那个青年抬头看来者是一位英俊青年，答道："今天早上太阳出来之前，有人赶着八匹白色骟马从这儿经过。""那正是我家的骟马，三天前被贼人偷走了。"铁木真忙说。"那我帮你去追回来。"那位青年放下手中的活儿，连挤奶的皮桶也顾不上往家里送，只是放在草地上，又牵出一匹黑脊白马送给铁木真，让他换掉骑来的那匹秃尾劣黄马，自己骑上一匹淡黄色快马，对铁木真说："你很辛苦了，男儿的苦难都一样，我来给你做伴。我的父亲是纳忽伯颜，我叫孛斡而出。"说完，他与铁木真一起继续追赶。两人马不停蹄地又走了三天，这一天太阳落山时分，他

> 古列延：古代蒙古人游牧或打仗布阵时的屯营形式，汉语译作"圈圈、库伦"等。圈圈，指围起来的草场，也泛指围起来的一块地方，现在一般写为库伦，如草库伦等。汉文文献中一般都写为"古列延"。《元朝秘史》中旁译为"圈子"，"也客·古列延"旁译为"大圈子"。拉施特《史集》中的解释是，许多帐幕在原野上围成一个圈子驻扎下来，它们就被称为一个古列延。

们发现了一处古列延,看见那八匹白色骟马正在不远处吃草。两人一同奔过去,把那八匹白色骟马悄悄赶了回来。

那些盗贼发现后立即追赶过来,一个身穿红衣、骑白马的盗贼渐渐逼近。孛斡而出向铁木真索要弓箭,要射杀那个前来追赶的盗贼,铁木真害怕孛斡而出因为帮助自己而出什么意外,没有给孛斡而出弓箭,而是自己慢下来去射那匹追来的白马。骑白马的盗贼见铁木真张弓搭箭要来射他,便停止了追赶。这时天色已黑,后边陆陆续续追来的人们也就没有再追赶。

铁木真、孛斡而出又走了三天三夜,回到孛斡而出的家。为了表示感谢,铁木真要把几匹马赠给孛斡而出,孛斡而出不肯接受,说:"我是看见你有了困难才帮助你,不是为了获取报酬。我是纳忽伯颜的独生子,我父亲积蓄的财产足够我享用。"孛斡而出热情地邀请铁木真到他家坐一坐。正为独生子不知去向而抹泪的纳忽伯颜看见儿子领着一个青年回来了,一边责备儿子不辞而别,一边热情招呼客人。孛斡而出煮了一只"帖勒"肥

大古列延(哈布林其其格 供图)

> "四獒""四杰"：1204年，铁木真进攻乃蛮，派遣忽必来与哲别为前锋。当时，札木合把哲别、忽必来、者勒蔑、速别额台形容为具有"铜的额颅、凿子似的嘴、铁的心、锥子似的舌"的"朵儿边·那孩思"，即"四獒"，"四獒"之称谓由此而来。成吉思汗说：在那纷乱的日子里，将忽必来、者勒蔑、哲别、速别额台"四獒"派往所需之地，将孛斡而出、木华黎、孛罗忽勒、赤剌温"四杰"留在身边，我的心才能够踏实。所谓"四獒""四杰"，都是四员虎将的意思。

羊羔给铁木真在路上做口粮，又给他一个带绳的皮囊，里面装满了饮品和食物。铁木真临行前，孛斡而出的父亲纳忽伯颜说："你们两个年轻人以后要好好相处，互不抛弃。"铁木真告辞之后又走了三天三夜，这才回到了位于桑沽儿小河旁的家。整日替铁木真担忧的诃额仑母亲和合撒儿、别勒古台见他顺利回来，喜出望外。

后来，铁木真拜见客列惕部首领脱斡邻勒汗回来后，在谈论如何广交朋友、光复祖业时，想到了孛斡而出，就派别勒古台专程去把孛斡而出请到家里来。见铁木真派人来请，孛斡而出二话没说，连自己的父亲也没来得及通知一声，便骑着他那匹淡黄色快马来找铁木真。孛斡而出是第一个前来追随铁木真的人，最终成为成吉思汗的"四杰"之一。

◎ 铁木真娶妻

铁木真九岁的时候与弘吉剌惕部德薛禅之女孛儿帖定了亲，后来他因父亲被害致死的变故而回了家，两人几年没有再见面。几年之后，铁木真领着同父异母弟弟别勒古台去找孛儿帖。他们顺着客鲁涟河而行，来到在扯克彻儿山与赤忽儿古山之间游牧的德薛禅家中。德薛禅见到铁木真非常高兴，说："我知道泰赤兀惕人一直嫉恨你，所以很为你担心。这些年等

铁木真、孛儿帖新婚图（阿拉达尔图 供图）

孛儿帖画像

你等得都有点绝望了，想不到现在又见到了你，真让人高兴。"铁木真说明了想要和孛儿帖成亲之意，德薛禅满口答应。铁木真带着孛儿帖一同回去时，按照蒙古族传统习俗，德薛禅一路相送，当送到客鲁涟河的兀剌黑啜勒地方时，因为过于疲劳，便返回家去，而他的妻子搠坛一直把女儿孛儿帖送到古连勒古山里桑沽儿小河旁的铁木真家。

铁木真与孛儿帖成亲之后，带领全家从桑沽儿小河旁搬迁到客鲁涟河源头的不儿吉额儿吉地方安营住下。为了恢复祖业，铁木真决定去拜见父亲昔日的安答、客烈惕部的脱斡邻勒汗（即王汗），请求他帮助收复散去的部众。见到王汗后，他将搠坛给女儿孛儿帖的珍贵嫁妆黑貂鼠皮大氅作为见面礼，高高举过头顶献给王汗。王汗很高兴地说：

"为回报你送我貂皮大氅的情意，
我为你收复那
四处离去的散民。
为回报你送我貂皮大氅的孝心，
我为你重振那
支离破碎的家园。"

铁木真高高兴兴地回到客鲁涟河源头不儿吉额儿吉地方的家中。

听说铁木真正在招纳贤能，兀良合惕氏的札儿赤兀歹老人背着打铁的

复制的皮甲。古代将士穿在身上的防护装具叫作甲。用兽皮制作甲,兵士穿上后不畏弓箭,能够抵挡敌人的刀砍箭射(哈布林其其格 供图)

鼓风囊,领着儿子者勒蔑,从不儿罕合勒敦山前来投奔。他对铁木真说:"我把我的儿子者勒蔑送与你,让他出门时给你备马鞍,进门时给你掀门帘,终身侍奉你吧。"老人将儿子留给了铁木真。

> 安答:又写作安达,指友伴、盟友、结拜兄弟。

◎ 蔑儿乞惕袭击

一天清晨,黎明时分,诃额仑母亲的女仆豁阿黑臣老妇人突然听到由远及近的马蹄声震动大地。她赶紧跑到诃额仑那里,慌张地喊道:"夫人,夫人,震动大地的马蹄声由远处而来,是不是扰害咱们的泰赤兀惕人又来了?夫人,快起来!""赶快叫孩子们起来!"诃额仑母亲命令道。众人听到喊声慌忙起来,各自抓来马匹。铁木真、合撒儿、合赤温、帖木格斡惕赤斤、别勒古台、孛斡而出、者勒蔑各骑一匹马,诃额仑母亲抱着帖木仑共骑一匹马,另一匹马上驮些零碎的东西,众人趁着黎明前的黑暗向不儿罕合勒敦山逃去。孛儿帖没有马骑,豁阿黑臣老妇人便让她坐进带棚子的车里,再套上腰花公牛,向统格黎克小河的方向逃去。当东方露出鱼肚白,黑压压的一群人从远处蜂拥而来。那些人来到车旁,问道:"你是什么人?"豁阿黑臣老妇回答道:"我是铁木真家的仆人,来主人家剪羊毛,现在要回家去。"一个人问道:"铁木真在不在家?他家离这儿有多远?"豁阿黑臣老妇回答说:"铁木真家离这儿倒是很近,只是铁木真在不在家我就不知道了。"那些人听说铁木真家离得很近,便驱马赶了过去。

豁阿黑臣老妇见那些人走远了,赶紧鞭打着腰花公牛继续前行。不料行不多时,牛车的车轴断了,无法前进。就在孛儿帖准备下车逃往树林里

皮质的萨满"翁古德"

时,只见那些人把别勒古台的母亲速赤格勒横绑在马背上,任她两条腿耷拉着奔过来。那些人大声喝问:"车里有什么人?"豁阿黑臣老妇回答道:"车里是羊毛。"那些人半信半疑,一个小头目命令手下人去车里察看。几个兵士拉开车门,见里面坐着一位年轻美貌的妇人,当即把她拖出来,连同豁阿黑臣老妇一起驮在马背上,顺着倒伏的草径,继续向着不儿罕合勒敦山追赶铁木真而去。

扳耳金杯
(出土于内蒙古乌兰察布市)

他们围着不儿罕合勒敦山绕了三圈。由于道路泥泞,森林茂密得连蛇都难以钻进去,所以他们没有搜寻到铁木真的任何踪迹,只好撤退离去。他们虽然没有捉到铁木真,但当发现所掳获的美妇人是铁木真

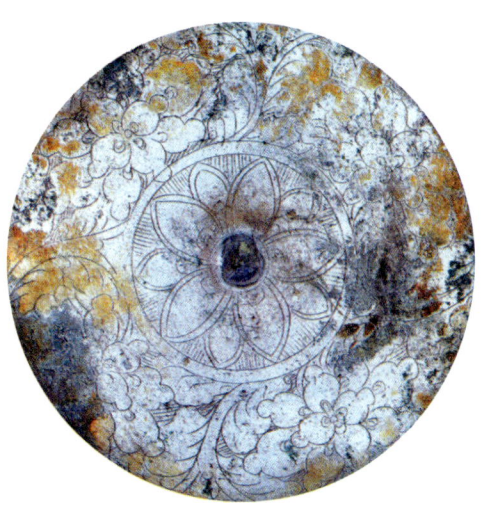

萨满用的盘

的妻子孛儿帖时,大喜过望,说:"今天终于一报诃额仑被抢之仇了,我们替祖辈报仇了!"原来这些人是三姓蔑儿乞惕人,脱黑脱阿别乞、答亦儿兀孙、合阿台答儿马剌等人为了替也客赤列都报曾经被也速该夺妻之仇,联手派兵,趁黎明前的黑暗偷袭了铁木真他们的营帐。

铁木真不清楚偷袭他们的人是什么情况,"那些人到底是撤走了,还是埋伏在山里?三天之内搞清楚!"他给别勒古台、孛斡而出、者勒蔑交代任务。

之后,铁木真独自从不儿罕合勒敦山上下来,捶着胸脯虔诚地说:

"全凭豁阿黑臣那
黄鼠狼般敏锐的听力,
银鼠般超凡的视力,
才躲过了仇敌的袭击。
跟着野鹿的蹄迹,
踏上不儿罕合勒敦山,
住在柳条搭起的窝棚,
才保住了我的性命啊。
顺着野鹿的蹄迹,
穿过险恶的小径,
我跑进不儿罕合勒敦山,
盖起柳条的小棚。
不儿罕合勒敦山,
庇护了我弱小的性命,

今蒙古国肯特山(孟松岭 供图)

使我这如虱的身躯未受伤害。
从今往后,
不儿罕合勒敦山啊,
我要每个白天都来祭拜,
每个早上都来祷告,
我的子孙也要,
世代相传地祭拜。"

说完,他面向太阳把腰带挂在脖子上,一只手托着帽子,一只手放在胸口,向不儿罕合勒敦山行了九跪九拜之礼。

兄弟反目

时间：12世纪
人物：铁木真、札木合

铁木真十世祖孛端察儿在一次战斗中，俘虏了阿当罕兀良合惕部札儿赤兀惕氏的一名孕妇为妾。那位孕妇所生的男孩，因为是外姓人之子，故取名为札只剌歹。札只剌歹的后裔发展为札答阑部。"札答"，蒙古语意为"异族、异姓"。后来与成吉思汗分分合合的札木合就出生于此部。

◎ 结为安答

札木合是铁木真母亲诃额仑夫人的远方近亲。他是札答阑部合剌合答安的儿子，足智多谋，善于用兵，因此得"薛禅"称谓。

铁木真十一岁那年，和札木合在斡难河冰上一起玩打髀石的游戏，两人很开心。札木合把他的狍子髀石送给铁木真，铁木真把他的灌铜髀石送给札木合，两人结成了安答。第二年春天，他们俩又在一起进行弯弓射箭的游戏，札木合把自己用两岁子牛角黏合成的响镞头送给铁木真，铁木真也把自己以柏木做顶的镞头送给札木合，二人进一步加深了友谊，巩固了安答的盟誓。

> 髀石：就是牛马羊及其他动物后腿膝关节处的一块骨头，是蒙古孩子的玩具。

札木合画像（那·乌日汗 画）

◎不兀剌草原之战

　　铁木真的营盘遭三姓蔑儿乞惕人袭击之后，孛儿帖被蔑儿乞惕人抢走，于是，铁木真带领合撒儿、别勒古台去找安营于土兀剌河畔黑树林的客列惕部脱斡邻勒王汗，诉说自己的不幸遭遇，请求王汗出兵予以解救。王汗当即表示同意，说："我不是去年就跟你说过了吗？为答谢你送给我珍贵的黑貂鼠皮大氅的情义，我要帮助你收复散去的部众。现在你的夫人孛儿帖被蔑儿乞惕人掳去，我要践行我的诺言。我愿意消灭全部蔑儿乞惕人，帮助你把孛儿帖夺回来。现在我出兵两万，你再去找札木合，请求他也出兵两万。他现在豁儿豁纳黑草原。我的两万军队作为右翼，札木合的两万军队为左翼，就让札木合约定会师的日期。"

铁木真从王汗那里回来后,让合撒儿和别勒古台两人代表自己去找札木合,请求他出兵。札木合听了合撒儿和别勒古台的叙述,说:"你们回去告诉铁木真和王汗,让王汗兄从他的驻地出发,经过不儿罕合勒敦山前,和铁木真安答一同到斡难河源头的孛脱罕孛斡儿只地方会合。我从这里带一万兵出发,途经斡难河时,从居住于此地的原属于铁木真安答的属民中再带一万人马,共两万军队,在孛脱罕孛斡只地方会师。然后,再共同进攻蔑儿乞惕人。"

合撒儿和别勒古台见札木合欣然应允,赶紧回到家中,将这一消息告诉铁木真。铁木真听了非常高兴,立即遣使告诉王汗。王汗得知全部计划后,立即调集一万骑兵,又让他的弟弟札合敢不带一万骑兵,从土兀剌河出发,来到乞沐儿合小河旁边的阿因勒合剌合纳地方,铁木真的兵马也来到这里与之会合。札木合的两万左翼军早已来到孛脱罕孛斡只地方,等了三天,王汗和铁木真的军队才姗姗而来。札木合说:"即使遇风雪,也不能失约;即使遇大雨,也不能误了相会。我们蒙古人是很讲究遵守诺言的,你们为什么耽误了约定?"王汗很过意不去,当即检讨,说:"误约三日,实属大过。该怎么惩罚,札木合老弟你说了算!"

当年王汗、札合敢不与铁木真的会师之地——阿因勒合剌合纳地方

铁木真、王汗、札木合联军从孛脱罕孛斡斡只动身，乘坐筏子渡过勤勒豁河（今南西伯利亚希洛克河），在一个漆黑的夜晚突然向居住在不兀剌草原上的蔑儿乞惕部脱黑脱阿别乞发动了进攻。遭到突然袭击的蔑儿乞惕人慌不择路，四处逃奔。脱黑脱阿别乞和答亦儿兀孙毫无防备，铁木真本可以活捉他们，可是在勤勒豁河边打鱼、捕貂鼠、捕野兽的人们在夜里奔来报告说"敌人来了"，他们得以带领少数随从连夜逃脱，逃向巴儿忽真地方（今贝加尔湖以东的一个地区）。

蔑儿乞惕人顺着薛凉格河连夜逃跑，联军紧随其后追击，缴获了大量财物，百姓惊慌奔逃。铁木真冲入跑散的人群，边跑边喊："孛儿帖！孛儿帖！你在哪里？"孛儿帖一下子就听出了铁木真的声音，立即跳下车，与豁阿黑臣老妇跑过来，抓住了铁木真坐骑的缰绳。月光下，铁木真一看是孛儿帖，立即跳下马，与孛儿帖紧紧地拥抱在一起。然后，铁木真来到王汗与札木合面前，对他们俩说："现在，蔑儿乞惕部已被我们击溃，我的妻子也已经找到，我们出兵的目的已经达到。咱们暂时停止追击，赶快打扫战场，就此安营休息吧。"王汗和札木合听说孛儿帖已经找到，立即同意铁木真的意见，命令全体士兵就地宿营。四处逃散的蔑儿乞惕人一看追兵没有过来，也就纷纷找地方宿营。

脱黑脱阿别乞把孛儿帖抢走之后，让她做了也客赤列都的弟弟赤勒格儿孛阔的妻子。如今遇到联军进攻，仓皇逃走的赤勒格儿孛阔悔恨不已，哀叹道：

"本是一只黑乌鸦，
只有吃残皮的命，
却想吃到天鹅肉。
无能下贱的赤勒格儿我，
竟去冒犯尊贵的孛儿帖，
给全体蔑儿乞惕人带来灾祸。
如今趁夜急逃命，
钻进黑暗的崖缝间，

谁又能保护我呢?
吃野鼠命的无能之辈,
竟想吃天鹅和仙鹤,
谁的院子能容下我
这羊粪般的性命呢?"

铁木真联军活捉了蔑儿乞惕头目合阿台答儿马剌,给他戴上木枷,将其押往不儿罕合勒敦山。铁木真联军毁掉了蔑儿乞惕部祭拜的神灵,夺取了他们的家室妻女,抢得了大批财产,缴获了不少牲畜和奴隶,满载而归。蔑儿乞惕百姓溃逃后,一个五岁的男孩被遗留在营盘中。他叫曲出,头戴貂皮帽,脚蹬鹿皮靴子,身穿貂皮长衣,是个眼睛有神、脸上有光的小孩。联军将他捡来后,作为献礼送给了诃额仑母亲。

别勒古台一路寻找母亲,得知母亲在一个营帐里,急忙前去营救。别勒古台找到那个营帐,刚从右侧门进去,他那衣衫褴褛的母亲却从左侧门闪出帐外,对外边的人说道:

"我那可爱的孩子们,
个个长成了英雄的模样。
而我被奴役在这里,
忍受着下贱歹人的占有。
如此这般,
我怎能去见我孩子的面?"

> 诃额仑母亲收养的四个儿子:分别指不兀剌草原之战中,在蔑儿乞惕营地上拾到的曲出;在泰赤兀惕巴速惕营地上拾到的阔阔出;浯勒札河之战中,在塔塔儿营地拾到的失吉忽秃忽;在主儿乞营地拾到的孛罗忽勒。诃额仑母亲希望他们长大以后,成为儿子们"白天的眼睛,黑夜里的耳朵"。后来,诃额仑母亲的四个养子都成为大蒙古国的功臣。

这个盘子中间的图案是一只卧于花草丛中的金鹿,表现出很高的艺术水准和生动的北方游牧文化特征

说完,她疾步钻入森林深处。别勒古台找不到自己的母亲,十分愤怒,每见到蔑儿乞惕人,便一边呼喊"还我母亲",一边用箭射他们。

这样,铁木真大报三姓蔑儿乞惕部掳妻之仇。

◎ 二人反目

铁木真、王汗、札木合联军消灭了三姓蔑儿乞惕部之后,从斡儿洹、薛凉格两河之间的塔勒浑撤退。铁木真应札木合的邀请,和他一起奔赴札木合的故地豁儿豁纳黑川。王汗取道不儿罕合勒敦山,沿途边打猎边赶路,回到他位于土兀剌河畔的黑树林营地。

铁木真和札木合很快来到豁儿豁纳黑川,合营驻扎,叙说旧情,增进友谊。想起以前结成安答之事,铁木真说道:

"以前曾听老人们说,

凡结为安答者,

性命如一体,生死在一起,

要互相救助,不相抛弃。

亲密友爱的道理应是如此,

让我们重申安答之谊,

更加友好吧!"

说完,他把从蔑儿乞惕部首领脱黑脱阿别乞那里缴获来的一条金腰带和一匹黑鬃黑尾额斯格勒海骝马送给札木合,札木合也把从蔑儿乞惕部答亦儿兀孙那里缴获的金腰带和一匹长犄角白马送给铁木真。从此,铁木真和札木合就像一家人一样,一起放牧,形影不离,亲密无间,"共进不消之食,共语不忘之言",夜间同衾而眠,其情意难以用语言来形容。两人如此这般地在一起生活了一年半。

一天,札木合找到铁木真,商量从豁儿豁纳黑川转到其他水草更加丰美的牧场游牧的事情,并决定于四月十六日红日高升时开始迁移。二人走着走着,札木合突然对铁木真说:

"铁木真安答,

咱们依山扎营吧,

可为咱们的牧马人挡风遮雨。

咱们靠水安营吧,

可让咱们的牧羊人饮水方便。"

当年铁木真、札木合一起驻牧的地方——豁儿豁纳黑川(今斡难河流域)

铁木真不明白札木合说的是什么意思。他什么也没回答,停在路旁等待着后边的车过来。等诃额仑母亲的车过来之后,铁木真把札木合刚才所说的话向母亲一五一十地说了一遍。没等诃额仑母亲说话,孛儿帖抢过话头说:"有人说札木合好喜新厌旧,我们在他那里已经住了一年半,是不是他开始嫌弃我们了?我觉得札木合说的话是针对我们的,咱们不如趁着和他交情未绝的时候好合好散,如何?"听了孛儿帖的分析,铁木真觉得有一定道理,便连夜带着自己的人马离开了札木合的营盘。铁木真路经泰赤兀惕部之地时,泰赤兀惕人望风而逃,连夜跑到了札木合处。铁木真的兵在泰赤兀惕人的营地上捡到一个被丢弃的名叫阔阔出的小男孩,把他送到诃额仑母亲那里,诃额仑母亲收养了他。

当铁木真离开札木合的时候,许多人偷偷离开札木合营地,追随铁木

> 额斯格勒马:指母马空怀数年之后产下的马驹。长犄角马:并不是马真的长了犄角,而是马脑顶长有一撮鬃毛,看似犄角,故称之。

鄂尔多斯市伊金霍洛旗成吉思汗陵保存的历史图片

收藏于内蒙古博物院的萨满鼓

真而去,其中既有颇有影响的贵族,也有也速该把阿秃儿原来的属民,甚至还有札木合的属民。后来,许多部落知道了这件事,纷纷前来投靠铁木真,这样一来,铁木真的势力进一步壮大了。

◎ 札木合与铁木真为敌

札木合和铁木真在一起生活了一年半,当他了解到铁木真有统一全蒙古的抱负之后,便与铁木真分道扬镳,并站在反对铁木真的立场上坚持到底。可以说,在与铁木真为敌的蒙古贵族中,像札木合一样一直坚持到生命最后时刻的,再也没有第二个人了。而二人之间的斗争,主要表现在四次战役上。

一、十三翼之战

发生此次战争的直接原因,一是当年铁木真离开札木合的时候,原属于札木合的一些部族跟着铁木真走了,札木合对此十分不满,耿耿于怀;二是1189年,铁木真事先未曾遣使向札木合通报或与其商量,就在蒙古贵

蒙古军在交战之前要排兵布阵(哈布林其其格 供图)

族的共同拥立下被推举为可汗。对此，札木合怀恨在心。三是札木合的部属给察儿盗取了驻牧于撒阿里草原一带的铁木真部下拙赤答儿马剌的马群，拙赤答儿马剌独自一人去追赶，用箭射断了给察儿的脊梁，把马夺了回来。这件事成了战争发生的导火线。

1190年，札木合以自己的部属被铁木真手下射杀为借口，召集札答阑、泰赤兀惕、亦乞列思、兀鲁兀惕、那牙勤、巴鲁剌思、豁罗剌思、巴阿邻、弘吉剌惕、合答斤、撒勒只兀惕、朵儿边、塔塔儿等十三个部落的三万人马，气势汹汹地向铁木真杀来。亦乞列思部的木勒客脱塔黑和孛罗勒歹二人冒着生命危险跑到古连勒古山铁木真处，报告了札木合大军将要前来攻打的消息。铁木真得到消息后，立即组织了十三营地的三万兵马迎战，双方在答阑巴勒主惕地方（今克鲁伦河上游地区）激战。

铁木真的军队渐渐支持不住，败下阵来，向斡难河的哲列捏峡谷退去。札木合因打败铁木真而忘乎所以、耀武扬威，在返回途中路经赤那思部（原属札木合的部族）之地时，抓住归附铁木真的赤那思首领及孩子们，把他们扔进七十口大锅中活活煮死。其手段之残忍，令人发指。札木合还觉得不解恨，又将捏兀歹察合安兀阿的头割下来，系在马尾上拖着回去了。

对于札木合灭绝人性的残暴行为，不单被他蹂躏的部落，就连他的部众也难以接受。札木合回去之后，兀鲁兀惕部的主儿扯歹、忙忽惕部的忽余勒答儿带领部众离开札木合，投靠铁木真，后来成为成吉思汗的两员先

> 成吉思汗的两员先锋：指兀鲁兀惕部的主儿扯歹和忙忽惕部的忽余勒答儿。主儿扯歹是兀鲁兀惕部祖先兀剌兀歹（那钦把阿秃儿长子）第六世孙，1206年大蒙古国建立时，位列八十八位功臣第六位。忽余勒答儿是忙忽惕部忙忽歹（那钦把阿秃儿次子）第六世孙，1206年大蒙古国建立时，忽余勒答儿已经去世，为了表彰他的功勋，成吉思汗将其列为八十八位功臣第二十一位，其儿子蒙合合剌札位列第五十二位。

锋。晃忽坛部的蒙力克父亲也领着七个儿子前来投奔铁木真。

十三翼之战之后，蒙古高原上出现了两大派，一派以铁木真为首，另一派以札木合为首。

二、阔亦田之战

1201年夏天，合答斤、撒勒只兀惕、朵儿边、塔塔儿、亦乞列思、弘吉剌惕、豁罗剌思及蔑儿乞惕部脱黑脱阿别乞之子忽秃、泰赤兀惕部塔儿忽台乞邻勒秃黑、斡亦剌惕部忽都合别乞、乃蛮部不亦鲁黑汗等十一个部落的人们聚集于阿拉灰不剌阿营地，商讨推举札木合为古儿汗的事宜，并宰杀公马和母马立誓结盟。他们又从那儿来到刊河（今额尔古纳河支流的根河）岸边，拥立札木合为"古儿汗"，并决定共同讨伐铁木真。于是，以札木合为首的联军逆客鲁涟河而上，企图趁铁木真无防备之机突然袭击，将他一举消灭。

然而，联军中一个豁罗剌思人豁里歹把这个消息报告了驻扎在古连勒古山的铁木真。铁木真感到情况万分危急，立即派遣使者向王汗求助，要求共同痛击札木合。王汗闻讯，即刻带兵来到古连勒古山与铁木真会师，二人带领兵马顺着客鲁涟河东行，准备迎击札木合的进攻。铁木真军由阿勒坛、忽察儿、答里台打前阵，王汗军由桑昆、札合敢不和必勒格别乞打先锋。在这些前锋部队前面又派出三道岗哨，即在归列秃安置第一道岗，在扯克彻儿安置第二道岗，在赤忽儿忽安置第三道岗。

当铁木真的前锋行进到兀惕乞牙地方，正准备宿营时，突然从设在赤忽儿忽的岗哨传来"敌人来了"的消息。阿勒坛等先锋为了探听进一步的消息，改变计划，连夜前行，不久便与札木合军先锋迎面而遇。

札木合军前锋是泰赤兀惕部阿兀出把阿秃儿、蔑儿乞惕部脱黑脱阿别乞之子忽都、乃蛮部不亦鲁黑汗、斡亦剌惕部忽都合别乞四个人。双方见面互通姓名后，谈定"今天天色已晚，明日再战"，各自回到军营。

次日，双方军队在阔亦田（大约在今内蒙古海拉尔河上源一带）地方展开了一场惊天动地的大厮杀。战场上刀光闪耀，箭影疾飞，令人眼花缭乱；喊杀之声地动山摇，令人心悸胆寒。乃蛮部不亦鲁黑汗和斡亦剌惕部忽都合别乞二人施行"札达"术，霎时间，风雨大作，飞沙走石，冰雪相混，直向铁木真军阵扑去。没料到，札木合联军正欲拍手叫好，"札达"石忽然改变方向，倒向札木合的军阵，许多兵卒、牲畜坠落到山沟中。人们大喊"我们惹怒上天了"，丢盔弃甲，慌不择路，四处逃奔。札木合联军不战而溃。

乃蛮部不亦鲁黑汗向阿勒台山（今阿尔泰山）南麓兀鲁黑塔黑方向逃去，蔑儿乞惕部脱黑脱阿别乞之子忽都向薛凉格河一带逃去，斡亦剌惕部忽都合别乞逃向森林茂密的失思吉思（今叶尼塞河上游锡什锡德河流域）地区，泰赤兀惕部阿兀出把阿秃儿逃向斡难河方向。札木合见自己的

复制的蒙古兵头盔
（哈布林其其格 供图）

联军兵败如山倒，四处逃散，便顺额儿古涅河逃去，边逃边掳掠曾经把自己推举为古儿汗的那些百姓。

王汗乘胜率军沿着额儿古涅河去追赶札木合，铁木真则率军沿着斡难河去追赶泰赤兀惕部人。

阔亦田之战就此结束。

> 札达石：即用于"致风雨"的"灵石"。札达术是指萨满巫师呼风唤雨的巫术。

对生活在战乱年代的游牧人来说,"活着"才是最重要的。因此,蒙古人在学习技能时,首先要学会打仗,以保证自身安全(哈布林其其格 供图)

三、卯温都之战

这次战役是札木合与王汗、桑昆合伙,同铁木真展开的一次大战。最终,札木合失败,反叛客列惕部,逃到乃蛮那里。这次战役被称为"卯温都之战"。详见本书"铁木真与王汗"之内容。

四、纳忽昆之战

这次战役是札木合站在乃蛮一边,率领大多数部众,与乃蛮部太阳汗联合起来同铁木真作战,仍以失败而告终。札木合见势不妙,带领随从退出战场溜走了。详见本书"征服乃蛮部"之内容。

蒙古军宿营时,一定要选择地势高的地方。首领的营帐门要朝向东南方向,周围安置警戒的骑兵。夜间人不脱衣,马不卸鞍,以随时应付突发情况(哈布林其其格 供图)

◎ 札木合的末日

纳忽昆之战后,札木合损兵折将,所属部众所剩无几。当他逃到倘鲁山(今唐努乌拉山)时,身边只剩下五个随从了。五个随从见札木合惶惶如丧家之犬,知道再跟着札木合已经没有什么前途和希望。有一天,他们几个捕杀了一只盘羊烤肉吃,札木合看到了,问道:"哪个小子今天杀了盘羊烤肉吃呢?"乘札木合吃烤肉时不备,五个人一起动手把他捉住,押送到铁木真住处。

札木合被自己的随从擒来时,对铁木真说:

"山上的乌鸦,

如今捕起了天鹅。

卑贱的下奴,

成吉思汗立下军令,如果作战时被敌人打败而后退,应当立即返回原阵地(哈布林其其格 供图)

如今擒住了他们的汗。

我圣明的安答啊，

你说如何是好呢？"

铁木真听了说："侵犯主人的人还可以留用吗？这种人怎么能与之为伴？凡是侵犯主人的人，让他子孙永远根绝。"于是，当着札木合的面把这五个人处死了。

铁木真念及与札木合的友谊，表示愿意赦免他的一切罪过，再做朋友。札木合回答说：

"从前，

我们两人结为安答。

食则同餐，

发现于蒙古国布拉干省阿斯哈图地方的石浮雕。图中有三个人，中间的人盘腿而坐，手执酒杯，其两侧各有一人。三人均头戴高筒帽子。石雕上方有文字和印章图案，下方有几何图案

顶部有毡棚子的陶车与梳辫子的陶人（元代）。车是将车轮、车轴、车辕分别烧制之后再组装起来的；梳辫子的陶人脸宽，颧骨高，鼻梁挺拔，刘海下垂，有两条长辫子，身穿长袍，脚蹬厚底靴子

共进不消化之食；
寝则同床，
共言难忘之语。
后来被外人挑唆，
被他人离间，
我俩彼此离分，
相互敌对。
想起昔日之誓言，
我顿觉羞愧，
无颜再与安答见面。
如今，
安答你，
平定了周边的兀鲁思，

大汗之位，

已经属于你。

今天安答降恩，

赦我不死，

仍许我为友，

然而此时我与你相伴，

于你又有何益处呢？

怕只会成为安答衣领上的虱、衣襟内的刺，

夜扰安答之梦，

日袭安答之心。

我与安答之情谊，

今日已绝，

只求安答赐我不流血而死。"

听了札木合这番诉说，铁木真若有所思地说道：

"安答札木合虽然曾离我而去，虽有满口讥议，但从未听说他有谋害我性命的意图，是值得人们学习的人。他不肯做我的伙伴，就让他死吧！占卜卜不出什么来，却不应该无故害其性命。对这样大有来历的人，应向他指明处死他的理由：以前，因为拙赤答儿马刺、绐察儿二人争夺马群而发生争端，札木合安答特地兴师问罪，在答兰巴勒主惕地方对我突然发起进攻，迫使我退守者列捏峡谷。如今我想和你重归于好，你却坚决不肯。虽然我非常爱惜你的性命，但我已别无选择。现在，我就满足你的要求，赐你不流血而死。"

札木合于是被处死，尸骨被厚葬。

> **不流血而死**：是古代蒙古人惩治贵族上层的一种刑法。如果贵族人物犯了死罪，就用绳子捆绑其手脚，再包在毡子里扔进河里或装进皮囊里令其窒息而死。

征伐主儿勤、泰赤兀惕，灭亡塔塔儿、蔑儿乞惕

时间： 1196—1202 年

人物： 铁木真、撒察别乞、者勒蔑、也遂、也速干

主儿勤部是铁木真曾祖合不勒可汗之长子斡勤巴儿合黑的后代，因此，主儿勤贵族撒察别乞、泰出常以长辈自居，对铁木真的统治不屑一顾。泰赤兀惕部是铁木真六世祖海都之次子察剌孩领忽后裔，俺巴孩可汗正是这个部落之汗，与铁木真同祖。塔塔儿部曾把客列惕部马儿忽思不亦鲁（王汗的祖父）捉住送到金廷杀害，也曾把蒙古俺巴孩可汗捉住送到金廷杀害，还把铁木真大爷爷斡勤巴儿合黑捉住送到金朝杀害，铁木真父亲也速该把阿秃儿也是被塔塔儿人下毒致死的，因此，塔塔儿与蒙古结下了世仇。蔑儿乞惕部脱黑脱阿别乞之弟也客赤列都与弘吉剌惕部诃额仑成亲，在娶亲返回路上，铁木真父亲也速该把阿秃儿把诃额仑抢了去。从此，蔑儿乞惕部与蒙古孛儿只斤氏也成了仇人。

蒙古骑兵紧紧追击敌人图（哈布林其其格 供图）

蒙古兵必须备有长弓和短弓（哈布林其其格 供图）

◎ 与主儿勤关系破裂

主儿勤部与铁木真同祖。在铁木真时代，撒察别乞、泰出两人为主儿勤部首领。1182—1189年间，他们离开札木合，投奔铁木真。1189年，在首次推举铁木真为蒙古部落大汗时，撒察别乞作为贵族代表也参与其中。

铁木真与主儿勤部之间的争斗，是由以下四件事情引发的。

一、掌掴铁木真的不儿赤失乞兀儿。十三翼之战之后，兀鲁兀惕部主儿扯歹、忙忽惕部忽亦勒答儿等人带领部众，晃忽坛部蒙力克父亲领着七个儿子，离开札木合，投奔铁木真。铁木真非常高兴，便与诃额仑母亲、弟弟合撒儿和以撒察别乞、泰出为首的主儿勤人一起，在斡难河畔树林中举行宴会庆贺。宴会开始，首先给铁木真、诃额仑母亲、合撒儿、撒察别乞斟酒，又给撒察别乞的小母额别该斟酒。这时候，在场的豁里真合敦、忽兀儿臣合敦借口先敬额别该是不尊敬她们，大动肝火，故意找碴，还动手打了铁木真的不儿赤失乞兀儿。失乞兀儿深感委屈,号啕大哭,说:"只因为也速该把阿秃儿、捏坤太师去世了,我才遭此毒打呀!"

二、刀砍别勒古台右臂。还是这场在斡难河畔树林中举行的宴会。宴会由铁木真方面的别勒古台、主儿勤方面的不里孛阔二人主持。席间,别勒古台还负责看管铁木真的坐骑。当时,一个合答斤氏人从铁木真的马桩上盗取缰绳,恰

复制的古代头盔(哈布林其其格 供图)

好被别勒古台抓住了。不里孛阔袒护盗取缰绳的人,与别勒古台打起架来。别勒古台酷爱摔跤,时常将右臂露于袖子外,不里孛阔用刀砍伤了别勒古台的右肩。别勒古台虽遭刀砍,肩上淌着鲜血,却仍不动声色地照料着宴席。坐在树荫下饮酒的铁木真见此情景,问道:"是谁把你砍成这样?"别勒古台若无其事地回答说:"不要因为我伤了兄弟间的和气。我无妨,伤得很轻。各位兄弟聚到一起不容易,千万不要因为我而相互怪罪。"铁木真不顾别勒古台的劝阻,折下两旁的树枝,又抽出捣马奶用的木杵与主儿勤人厮打起来。铁木真这边人多势众,很快制服了主儿勤人,并扣留了豁里真、忽兀儿臣两位合敦。主儿勤人一看事情不妙,提出重新和好的请求。铁木真接受了这一请求,放走了豁里真、忽兀儿臣两位合敦。

> 不儿赤:汉意为"司膳"。不儿赤不仅仅是厨师,而是负责整个汗廷,包括可汗及禁卫军饮食安全的相当重要的官员。这段主儿勤人故意找碴儿掌掴铁木真不儿赤失乞兀儿的情节,看似是在打厨师,实际上是对铁木真权威的蔑视和挑战。

三、铁木真与塔塔儿部作战时，主儿勤部拒绝出兵支援。1196年，铁木真与客列惕部王汗帮助金朝首次攻打世仇塔塔儿部时，曾经遣使请撒察别乞、泰出出兵联合作战。但是等了六天，主儿勤部没有派来一兵一卒，铁木真、王汗只好联合作战。

四、主儿勤部劫掠了铁木真的奥鲁。铁木真和塔塔儿部交战后，将老弱病残、妇女儿童等安顿于哈澧漓秃湖一带。以撒察别乞、泰出为首的主儿勤部不但没有出兵支援铁木真，反而趁虚而入，劫掠了铁木真的营地，杀了十个留守后方的人，又抢走了五十个人的衣服。铁木真听到这个消息，怒不可遏，在痛斥主儿勤部的种种罪恶后，大声吼道："他们竟然做出如此亲者痛、仇者快的事情，他们就是我们的敌人！"

蒙古军投入战斗图（赛熙亚乐 供图）

当撒察别乞、泰出驻牧于阔朵额阿剌勒地方的时候，铁木真率领大军杀向主儿勤部，直打得他们人仰马翻。撒察别乞、泰出带着少数人仓皇出逃，铁木真紧追不舍。追赶到帖列秃山口，活捉了撒察别乞、泰出二人，并将他们处死。

铁木真打败了曾经在草原上不可一世的主儿勤部，俘虏了其部众。但是，要彻底消灭主儿勤部还有一个最大的障碍，那便是不里孛阔。这个不里孛阔是合不勒可汗三子忽秃黑秃蒙古儿之子，比铁木真大一辈，与也速该把阿秃儿是平辈。他力大无比，胜过把儿坛把阿秃儿的儿子们，常与斡勤巴儿合黑的勇猛儿子们为伍，享有"国之力士"的美誉。

一天，铁木真让不里孛阔与别勒古台比赛摔跤。不里孛阔曾用单手单脚摔倒别勒古台，将其压得无法动弹。而在这次摔跤中，他故意倒下，很容易就被别勒古台摔倒在地。别勒古台勉强将其压在身下，抓住他的肩膀，压住他的臀部。别勒古台看了看铁木真，铁木真咬了咬下唇。别勒古台心领神会，便骑在不里孛阔身上，用膝盖压住他的脊背，用力向后一

复制的古代面具（哈布林其其格 供图）

奥鲁：蒙古语，意为"老营、大本营"。指古代蒙古人出征时，留在故地的家属、辎重。当时，男人出征打仗，留守在后方的老婆孩子按千户制、百户制，在各自分封的草原上从事日常生产生活，或为前线提供后勤保障。后来有了奥鲁制，奥鲁长负责征兵、提供军需以及处理军人家属事宜。

折,折断了他的腰。被折断腰的不里孛阔后悔不已:"我本来不是会输给别勒古台的人,只是惧怕大汗的威严而佯倒在他手下,却丢掉了我的性命!"说完,便死去了。

主儿勤部首领斡勤巴儿合黑是合不勒可汗的长子,合不勒可汗从部众中挑选那些"拇指上有力气、肝胆里有毒汁、肺腑里有霸气、唇舌间有怒气的摔跤能手和勇猛之士"分给自己的儿子,这些威猛、心狠的人们聚到了一起,因而被大家称呼为"主儿勤"(有胆识之人)。铁木真既然把不可一世的主儿勤人都战胜了,声望自然高涨起来。

除掉主儿勤部撒察别乞、泰出二人后,原来在主儿勤部栖身的扎剌亦儿部帖列格秃伯颜之子古温兀阿、赤剌温孩亦赤、者卜客三人也随着人群来到铁木真营地,古温兀阿把自己的两个儿子木华黎、不合,赤剌温孩亦赤把自己的两个儿子统格、合失交给铁木真,者卜客跟随了合撒儿。者卜客从主儿勤部营地带来一个名叫孛罗忽勒的小男孩,交给了诃额仑母亲抚养。

作战图(阿拉达尔图 供图)

◎ 征伐泰赤兀惕

在阔亦田之战中溃逃的泰赤兀惕部阿兀出把阿秃儿跑到斡难河之后,与豁敦斡儿长一起,在斡难河彼岸排兵布阵,整顿军队,要与铁木真决一雌雄。铁木真追赶到这里,仇人相见,格外眼红,两队的士兵很快就厮杀成一团,喊杀之声连成一片,直战到傍晚才收兵,回到各自营地宿营。

在这次战斗中,铁木真脖颈中箭受伤,当时就昏倒在地,流血不止。者勒蔑见铁木真受伤,急忙跑过来施救。他把铁木真放平躺在地上,吸吮出铁木真颈部的瘀血。由于情况紧急,有时来不及将瘀血吐出,他便咽到肚子里。就这样守候到半夜,铁木真终于苏醒过来,干渴至极。者勒蔑又赤身冒死钻入敌营,偷来一大桶奶酪,给铁木真兑了水喝。铁木真喝了之后,觉得浑身上下都有了劲。

天明以后,铁木真发现泰赤兀惕人已趁夜逃散。他继续追击,捉住了阿兀出把阿秃儿、豁敦斡儿长、忽都兀答儿,把他们杀死了。

泰赤兀惕部首领塔儿忽

萨满塑像(俄罗斯联邦布里亚特共和国萨满艺术家达喜的作品)

台乞邻勒秃黑独自跑到树林里时,被失儿古额秃老人和他的两个儿子阿剌黑、纳牙阿捉住,准备把他押送到铁木真那里,作为向铁木真投降的见面礼。路上,他们觉得抓了自己的主人有些不妥,说:"我们把自己的主人捉住送到铁木真那里,铁木真将会不相信侵害自己主人的人。"于是,三人把塔儿忽台乞邻秃黑放了,空着手去向铁木真投降。铁木真不但不计较他们放走了塔儿忽台乞邻秃黑,反而对这种不负故主的做法深表赞赏,对他们信任有加。

战后,铁木真下令召回那些逃难的部众。他在逃难的人群里发现了恩人锁儿罕失剌的女儿合答安,便把她搭救下来。次日,原属泰赤兀惕部的锁儿罕失剌和巴速惕部一个名叫只儿豁阿歹的青年来到铁木真身边。

铁木真见到锁儿罕失剌,非常激动,说:

"我脖颈上沉重的木枷,

你给我卸下;

我衣领上紧紧的枷锁,

你给我解开。

辽宁省阜新蒙古族自治县海棠山上的释迦牟尼佛雕像

你们父子有大恩于我,

为什么来得这么晚呢?"

锁儿罕失剌回答说:

"我心中十分信任你,不必着急行事。如果忙着早来,泰赤兀惕人发现了,一定会吹灰似的加害我留在家里的妻儿和牲畜。现在是来这里的时候了。"铁木真听了这话,说:"做得对。"

铁木真又问:"在阔亦田地方作战时,是谁从山上射伤了我白嘴黄马的脖子?"史书记载,在这次战斗中,哲别射伤了铁木真的脖子,而不是射伤了白嘴黄马的脖子,铁木真可能不愿意让别人知道自己受了伤,故意如此说。那个名叫只儿豁阿歹的青年听了,当即回答说:"从山上射箭的人就是我。

蒙古贵族和随从图(元代)(哈布林其其格 供图)

您若想杀掉我，

只会弄脏巴掌大点的地方。

您若赐我一条命，

我愿做您的马前卒，

为您断水碎石，

将青石击成沙砾，

将黑石踏成烂泥。"

铁木真听了表示赞赏，说："作为敌对之人，对害人的事情多隐瞒不露，你却毫不隐瞒地讲出来，你这人可交啊！你就留在我的身边，为我们作战吧。因为你射伤了我的白嘴黄马，就改掉你的名字吧！"铁木真把只儿豁阿歹的名字改为了"哲别"。哲别，即"箭矢"之意，寓意为"神箭手"。后来，哲别忠心辅佐铁木真，成为他的"四獒"之一。

◎ 灭塔塔儿

塔塔儿部是蒙古草原上最强大的部落之一，自古驻牧于阔连海子（今呼伦湖）、捕鱼儿海子（今贝尔湖）一带。

9世纪末，塔塔儿部强盛起来，之后大批西迁，占领了畏兀儿故地，并与漠南漠北诸多部落——蒙古、扎剌亦儿、客列惕、汪古、蔑儿乞惕、弘吉剌惕等一起，建立了塔塔儿部落联盟。这样，它的统治西至今阴山山脉和贺兰山一带。

1202年，铁木真为了消灭世仇塔塔儿部，召集兵马，下令攻打驻牧于答阑捏木儿格思之地的察合安塔塔儿、阿勒赤塔塔儿、都塔兀惕塔塔儿、阿鲁孩塔塔儿四个塔塔儿部。在大军出发之前，铁木真宣布军令：

一、歼敌的时候，不要抢夺财物；把敌人打败后，俘获品应当共同分配；

二、如果被敌人打败而后退，应当立即返回原阵地再反攻；

三、返回原阵地却不反攻者，处斩。

之后，铁木真率领大军杀向塔塔儿。蒙古军如狼似虎，塔塔儿人虽然奋力抵抗，但寡不敌众，迅速被击败，纷纷弃甲投降。酣战不到半日，这些塔塔儿人就被铁木真消灭了。

此次战役中，各路将士严格遵守铁木真在战前宣布的军令，唯有阿勒坛、忽察儿、答里台三人自恃功高，仍然违反军令，在战场上抢夺财物。铁木真非常生气，不但严厉训斥了他们的行为，并命哲别、忽必来二人前去没收了他们三人抢掳的马群和财物。阿勒坛、忽察儿、答理台三人虽然

正在打猎的成吉思汗（刺绣画）（哈布林其其格 供图）

嘴上没说什么，但心里十分不快，由此埋下了反叛的祸根。

消灭了塔塔儿部，蒙古军缴获了不计其数的牲畜、资产。就如何处置这些战利品，特别是那些俘虏，铁木真请来黄金家族的成员一起商议。大家说道：

"杀害我们祖先和父辈的仇人，

就是这些塔塔儿人，

我们要为他们报仇雪恨，

让他们永绝于世。

我们以车轴当量尺，

高过车轴的全杀掉，

其余人等，

分给各家做家奴。"

商议结束，人们离开了大帐。塔塔儿人也客扯连问别勒古台："你们刚才怎么商量的？"别勒古台说："我们决定用车轴量身，凡比车轴高的塔塔儿人都杀掉。"也客扯连赶忙将这一消息告诉了塔塔儿人。塔塔儿人一听，知道大祸临头，相互议论道："反正都是一死，还不如聚而反抗！"于是他们逃至山上，扎起寨子防御。铁木真听说俘虏跑了，赶忙派兵追赶，塔塔儿人拼死顽抗，说："既然是死，杀一个垫背而死，杀两个赚一个！"他们每人袖藏利刀，誓与蒙古人同归于尽，铁木真费了很大劲才把这些塔塔儿人全部消灭，而部下伤亡也很惨重。

> 高过车轴的全杀掉：当时蒙古人使用的是高轮车，铁木真以高轮车轴为衡量标准，凡高过车轴的塔塔儿人均处死。

事后，铁木真查得泄露机密的人是别勒古台，非常生气，当众宣布："今后，凡举行大会，别勒古台不得参加。让他管理场外的一切，并判处盗窃、斗殴、欺诈等事宜。一直到会议结束、敬酒之后，才许别勒古台、答里台二人进来入座!"

铁木真看到塔塔儿人也客扯连的女儿也速干身材窈窕,娇美动人,就纳她为妃。也速干得到铁木真的宠爱,告诉铁木真说:"如果大汗恩赐,把我当人看待,我一定尽心尽力地服侍您。其实,我的美色比起我的姐姐来,还差得远呢。我姐姐比我漂亮,比我贤惠,才配做大汗的妃子。只是遇上这场战争,不知道她逃散到哪里去了。"铁木真说:"如果你姐姐比你还要好,我就下令寻找她。如果找到你姐姐,你会让位给她吗?"也速干回答说:"如蒙大汗恩赐,能把我姐姐找回来,我情愿让位给她。"

也速干的姐姐也遂正和丈夫在一片树林里逃亡时,恰被一群蒙古兵遇见。也遂丈夫见阵势不对,撒腿就跑,后来被捉住了。

也遂被带到铁木真面前,铁木真看她芙蓉为面,秋水为眸,果然更加俊俏,一下子便喜欢上了她。也速干见到了姐姐,很是高兴。她履行前言,主动让出自己的位子,坐到下边。铁木真见两人谦让,更是喜欢,让

为行动方便,蒙古侦察兵都是轻装上阵(哈布林其其格 供图)

蒙古兵作战以十人为一组（哈布林其其格 供图）

她们两人并列为妃。

铁木真消灭了塔塔儿部，完全统一了蒙古地区，也巩固了大后方，由此开始将战略重心移向西部。

◎ 扫荡蔑儿乞惕

蔑儿乞惕部也是蒙古草原上的一个强悍部落，有兀都亦惕蔑儿乞惕、兀洼思蔑儿乞惕、合阿惕蔑儿乞惕三个分支。12世纪的时候，蔑儿乞惕部驻牧于薛凉格河流域，东与扎剌亦儿部为邻，北与林中百姓搭界。蔑儿乞惕部经济比较发达，在蒙古诸部落中算是拥有骁勇善战的军队之部落之一。

1204年秋，铁木真率大军在合剌答勒地方战胜了蔑儿乞惕首领脱黑脱阿别乞。脱黑脱阿别乞欲跑回故地不兀剌草原。刚走到撒阿里旷野时，铁木真率军追了上来，把他的部众、财物、辎重等掳掠一光。脱黑脱阿别乞和他的两个儿子忽都、赤剌温领着少数随从逃走。兀洼思蔑儿乞惕人答亦儿兀孙将自己的女儿忽兰献给铁木真，作为投降的礼物。

蔑儿乞惕部被消灭之后，铁木真把脱黑脱阿别乞长子忽都的朵列格捏合敦赏给了儿子窝阔台。这时候，先期已经降服的兀都亦惕蔑儿乞惕中的一半反叛，在台合勒地方修筑营寨，负隅顽抗，铁木真命锁儿罕失剌之子沉白率左翼军发起进攻。

1205年春，铁木真率大军继续追击出逃之敌。当越过阿来野岭时，遇到失去部众逃走的乃蛮部古出鲁克汗正在不黑都儿麻河一带整顿军队，铁木真率军来了个突然袭击，灭了北乃蛮。古出鲁克汗失去了靠山，无奈之下，与蔑儿乞惕首领脱黑脱阿别乞一起西逃。尾追而至的铁木真发起攻击，脱黑脱阿别乞被乱箭射中倒毙。他的儿子忽都、赤剌温来不及安葬其遗体，只好割下其首级带走。其余的乃蛮人和蔑儿乞惕人溃不成军，夺路而逃，多数人在渡过额儿的失河（今额尔齐斯河）的时候溺水而亡，幸免一死的乃蛮人和蔑儿乞惕人渡过河之后各自奔逃而去。古出鲁克汗经过畏兀儿、合儿鲁兀惕部地方，投奔合剌乞塔惕（即西辽）古儿汗。脱黑脱阿别乞之子忽都、赤剌温等经过康

萨满面具（巴雅尔 作品）

里,逃往钦察兀惕地区。当铁木真率军凯旋,越过阿来野岭,返回奥鲁的途中,传来了去年冬天派去征讨台合勒之地的沉白已经征服了在台合勒地方筑起营寨、负隅顽抗的三姓蔑儿乞惕的好消息。

铁木真率军出征之后,曾经被降服的一部分蔑儿乞惕人掳掠辎重,重又反叛。铁木真的后方守军立即镇压了他们,夺回了被掳掠的财物。铁木真下令将这部蔑儿乞惕人分散到各个地方。

《青册》:据《蒙古秘史》记载,成吉思汗建立大蒙古国之后,任命失吉忽秃忽为首任全国最高断事官,并说:"凡失吉忽秃忽与我议定写在青册上的事,世世代代不能更改。"据载,拉施特在编撰《史集》时,利用了宫廷收藏的《金册》,而且所写的内容大体与《蒙古秘史》的内容相吻合,故有的学者认为《金册》有可能是《蒙古秘史》的原稿。遗憾的是《青册》和《金册》都没能保存下来。

铁木真与王汗

时间：12世纪
人物：铁木真、王汗

铁木真的父亲也速该把阿秃儿曾经帮助王汗恢复他的地位，并与其结为安答。后来，王汗与铁木真行义父、义子之礼，如父子般相处。再后来，在诸部落之间错综复杂的斗争过程中，这对曾经的父子反目成仇，相互争斗起来。

◎ 王汗与也速该把阿秃儿

客列惕部是蒙古高原上驻牧于土兀剌河、斡儿洹河一带的强大部落。

12世纪末，客列惕部末代汗叫作脱斡邻勒，1196年，金朝皇帝授予脱斡邻勒"王"号，人们便称他为"王汗"。

脱斡邻勒汗（以下称他为王汗）是忽儿察忽思不亦鲁黑汗之子，弟兄六个，他是长兄（有的书上说他是老三）。他七岁的时候被蔑儿乞惕人捉去做苦力，忽儿察忽思不亦鲁黑汗打败蔑儿乞惕部，把他救了出去。十三岁时，他和他母亲又被塔塔儿人捉去，放了一段时间骆驼，后来在一个羊倌的帮助下逃回家来。他从小吃尽苦头，长大成人之后却干尽坏事。父亲忽儿察忽思不亦鲁黑汗去世之后，他采取残暴手段杀死两个弟弟，强行夺得汗位。对此，王汗的叔叔古尔汗非常不满，带兵攻打他。王汗不敌，仅带着百十来号人跑到也速该把阿秃儿处求援。也速该很同情他，亲自带兵去打仗，把古尔汗撵到唐兀惕（西夏）地方，把客列惕部属民召集回来，

铁木真与王汗图（哈布林其其格 供图）

帮助王汗恢复了地位。他为了表达对也速该的感谢之情，与也速该盟誓为友，结为安答。

◎ 王汗与铁木真的关系

从消灭蔑儿乞惕部到征服塔塔儿部的十八九年间，是铁木真与王汗互相帮助、互相支援的阶段；此后的六七年间，是铁木真与王汗之间既有帮助又互相猜疑的阶段；自1202年之后，二人完全是敌对状态。

一、初识阶段——相互支援

（一）铁木真在成家立业、聚部集众、统一全体蒙古的过程当中，多次得到了王汗的帮助和支持。

首先，在从蔑儿乞惕人手中夺回被掳掠的妻子孛儿帖的战斗中，铁木真依靠了王汗（包括札木合）的帮助。这次"不兀剌草原之战"，对铁木真来说是首次战斗。这次战役详情，见本书"兄弟反目"之内容。

其次，铁木真首次讨伐杀害其先祖的世仇塔塔儿部时的"浯勒札河之战"（浯勒札河，今蒙古国境内的乌勒吉河），也是和王汗联合进行的。

1196年，金朝章宗皇帝完颜璟以塔塔儿部不听从命令为由，派右丞相完颜襄从临潢府（今巴林左旗南）出发，向塔塔儿部发动进攻。完颜襄和金朝将军完颜安国兵分两路，行进至客鲁涟河，却被塔塔儿人所包围，三天三夜动弹不得。后趁塔塔儿人放松警惕之机，完颜襄连夜突破包围圈，折回塔塔儿部营地，把塔塔儿人打得丢盔卸甲、落花流水，并夺得大量辎重。塔塔儿人招架不住，向浯勒札河方向逃窜，完颜安国追击塔塔儿部头目篾古真薛兀勒图到浯勒札河一带。金朝希望借铁木真一臂之力，从西面夹击，于是派使者通知了铁木真。铁木真得到消息，喜出望外，觉得一报世仇的机会终于来了。于是他通知客列惕部和主儿勤部，欲与他们联合起来消灭塔塔儿。王汗表示同意，并立即召集兵马，第三天就和铁木真军会师了。可是等了六天，主儿勤部的撒察别乞和泰出也没有来，铁木真只好

复制的盔甲（哈布林其其格 供图）

和王汗组成联军从西面攻打，金军从东面攻打。面对两面夹击，塔塔儿部头目篾古真薛兀勒图在浯勒札河上游的忽速图失秃延、纳剌秃失秃延两地修筑工事，拼死抵抗。铁木真和王汗冲破塔塔儿人的阻击，活捉并处死了塔塔儿头目篾古真薛兀勒图，缴获了银制摇车和珍珠镶边的棉被等大量战利品。铁木真军队又在纳剌秃失秃延地方拾到一个戴着金项圈，身穿旱獭皮里子、缎子吊面肚兜的小男孩，铁木真把他送给诃额仑母亲收养。诃额仑母亲说："这是好人家的孩子。这是拾到的第六个孩子，就做我的老六吧。"于是把他养在身边，并给他起名为失吉忽秃忽。

完颜襄听说铁木真和王汗捕杀了篾古真薛兀勒图，非常高兴，立即传令封官嘉奖，封脱斡邻勒为"王"，从此，脱斡邻勒汗便有了王汗的称谓。封铁木真为"札兀惕忽里"（汉意为前锋司令官），并承诺说，待报告皇帝批准，就封他更大的官。然后，金军班师。

"浯勒札河之战"是铁木真与塔塔儿部之间的首战。

蒙古兵面具（哈布林其其格 供图）

胸部配有铁质护片的甲衣
（哈布林其其格 供图）

再次，札答阑部、泰赤兀惕部、合答斤部等十一个部落联合推举札木合为"古儿汗"后，札木合率联军，在阔亦田之地与铁木真、王汗大战，最后，以札木合联军失败而告终。这次"阔亦田之战"，详见本书"兄弟反目"之内容。

（二）王汗两次篡夺汗位，都得到了铁木真的帮助。

首先，王汗杀死两个弟弟，强行夺得汗位之后，他另一个弟弟额儿客哈剌怕遭哥哥毒手，跑到了乃蛮部亦难察汗处。1196年，趁王汗、铁木真联手攻打塔塔儿部篾古真薛兀勒图、客列惕部空虚之机，额儿客哈剌在亦难察汗的支持下，返回并占据了客列惕部营地，篡夺了客列惕部的汗位。不久，王汗和铁木真灭塔塔儿部，王汗被封为"王"，没想到奥鲁已被额儿客哈剌所占。王汗摆开阵势，与额儿客哈剌和亦难察汗打了一仗，结果全军覆没，王汗弃营逃窜，投奔了合剌契丹（黑契丹，西辽）的古尔汗。不久，王汗与古尔汗闹崩，在那里待不下去，流浪到畏兀儿、唐忽惕（西夏）之诸城，一路挤羊奶、饮驼血，疲惫不堪、穷困潦倒地去找铁木真。铁木真念及王汗与父亲也速该的安答之情，派塔孩把阿秃儿、速客该二人前去接其回来，并亲自到客鲁涟河源头去迎接。随后，铁木真不但从属民中征收实物供养他，还将已经归附铁木真的客列惕百姓归还给了王汗。这年冬天，在忽巴合牙之地，铁木真和王汗关系更加亲密。

> 札兀惕忽里:《蒙古秘史》中记述,1195年,金朝北征塔塔儿,脱斡邻勒、铁木真配合作战,得到金朝封赏,铁木真被封为"札兀惕忽里"。对"札兀惕忽里",各方解释不一。拉施特《史集》释为"强大统帅",多桑《蒙古史》释为"高官",还有的著作中释为"最高统帅"。历史学家蔡美彪认为,"札兀惕忽里"是杂居诸部人的统帅或"番部首领",并不是什么高级官职。但是,兴起不久的铁木真毕竟得到了金朝的封号,他由此提高了声威。

蒙古射箭手图(哈布林其其格 供图)

1198年秋,铁木真在合迪黑里黑山梁木鲁彻薛兀勒地方与蔑儿乞惕首领脱黑脱阿别乞展开激战,脱黑脱阿别乞不敌,逃往巴儿忽真地方。铁木真收复所剩蔑儿乞惕人,连同缴获的牲畜、营帐以及粮谷全部送给了王汗。由此,王汗又恢复了元气。

其次,1199年,铁木真和王汗联军在兀鲁黑塔山澍豁黑兀孙地方向乃蛮部首领不亦鲁黑汗发起突然袭击。毫无防备的不亦鲁黑汗没有还手之力,急匆匆越过阿勒台山西逃。联军紧追不舍,一直追到忽木升吉儿地方的兀泷古河。在那里捉住乃蛮的那颜也迪土卜鲁黑,并继续追到乞湿勒巴失湖边,终于追上了不亦鲁黑汗。在铁木真军队的猛烈攻击下,不亦鲁黑汗失败,带着少数残兵败将逃走。当铁木真、王汗联军返回时,乃蛮战将可克薛兀撒卜勒黑在巴亦答剌黑地方布下兵马,准备迎战。因天色已晚,双方约好翌日再战。天黑之后,王汗在驻地上点着许多火堆做出假象,自己却悄然离去。次日凌晨,铁木真发现自己被单独丢弃给敌人,赶紧撤走。王汗自以为得逞,不料乃蛮战将可克薛兀撒卜勒黑并没有去追赶铁木真,却乘王汗大军不备之机,追击王汗和其子桑昆的兵马,大肆掳掠百姓及财物。

蒙古兵使用的盾。通常用生皮条编制或木条制作而成,有的表面画有虎、狮子头图案,以示勇猛(哈布林其其格 供图)

复制的古代蒙古兵头盔
(哈布林其其格 供图)

王汗遭受了严重的损失,一方面叫儿子桑昆率领主力部队去追赶可克薛兀撒卜勒黑的军队,一方面派遣使者前往铁木真处求援,说:"乃蛮人把我的百姓和财产,乃至我儿子的妻子儿女都抢去了。请你派'四杰'率军前来帮助我,夺回我的属民和财产吧!"铁木真听说之后,不计前嫌,当即派遣木华黎、孛斡而出、孛罗忽勒、赤剌温带着军马，随同王汗派来的使者前去援助王汗。当他们赶到忽剌安忽惕地方时，桑昆军队与可克薛兀撒卜勒黑的军队正在酣战。交战中，桑昆战马中箭受伤，桑昆差点被乃蛮人活捉。就在这紧急时刻，"四杰"冲入敌阵救出桑昆，并夺回了他被掳去的妻儿、百姓和牲畜，乃蛮军队溃败而逃。王汗感慨不已，对铁木真说："昔日，你的好父亲也速该曾为我收复了失地与属民。如今，我儿铁木真又派'四杰'拯救了我濒于灭亡的家园。此恩此德何以回报？愿天地之神明鉴！"

接着，王汗又说："我的年岁已高，我的事业需要后继有人，我的弟弟们无德又无能，虽然有一个儿子桑昆，但他身边没有可以相伴的人。要是铁木真能与桑昆成为兄弟，有了这两个儿子，我就放心了。"于是，在土兀剌河畔黑森林里的王汗驻地，铁木真和王汗举行了正式结为父子的仪式。昔日，也速该把阿秃儿与王汗曾海誓山盟，结为安答；今日，铁木真把王汗视为父亲，二人结为父子。

二、既互相帮助又互相猜疑的阶段(王汗一直提防着铁木真)

（一）关于二人既互相帮助又互相猜疑的原因，从铁木真的角度来看，主要有以下几方面：

首先，1199年，铁木真和王汗联军与乃蛮战将可克薛兀撒卜剌黑在巴亦答剌黑地方准备开战。因天色已晚，双方约好第二天再战。天黑之后，王汗在驻地上点起火堆做出假象，自己却趁夜沿着合剌泄兀勒河逃走了。次日凌晨，铁木真发现自己被撇下，非常气愤："这不是把我们撇弃了吗！"他赶紧撤退，经额垤儿河、阿勒台河交汇的山谷，回到撒阿里营地。

其次，1202年，王汗未与铁木真商榷，独自带着兵马在不兀剌草原进攻蔑儿乞惕部残余，将脱黑脱阿别乞撵往巴儿忽真地方，并杀死了他的儿子脱古思别乞，掳去脱黑脱阿别乞的两个女儿忽秃黑台、察阿仑以及妻妾，掳获了脱黑脱阿别乞的两个儿子忽都、赤剌温，还缴获了大量战利品。但是，战利品没有分给铁木真。

再次，1202年"阔亦田之战"之后，王汗未和铁木真商议，就把他最

网状铁甲外面挂有铁片,以防刀砍剑击(哈布林其其格 供图)

大的挑战者札木合收入麾下。由于这些事情,使得铁木真对王汗起了疑心。

(二)从王汗方面来说,原因有以下几个:

首先,投靠王汗的札木合不断在铁木真、王汗之间挑拨。1199年冬,王汗与铁木真联军与乃蛮战将可克薛兀撒卜刺黑相遇,当晚,王汗悄然离去,把铁木真丢给强大的敌人,显然是个"借刀杀人"之计。其实当时札木合就和王汗在一起。札木合挑唆说:"铁木真早就派人与乃蛮联络了。今天他没有和我们一起撤出来,肯定是留下来投靠乃蛮人了。"一旁的兀卜赤黑台·古邻把阿秃儿觉得札木合所言不妥,呵斥道:"对自己正直的兄弟,你为何搬弄是非、出此谗言呢?"

其次,阿勒坛(忽图剌可汗之子)、忽察儿(捏坤太师之子)等铁木真的亲属公开反叛铁木真,与札木合相勾结,又与王汗之子桑昆串通一气。

再次,年事已高、风烛残年的王汗,看到铁木真的事业蒸蒸日上、如日中天,感到对自己是个威胁,因而坐卧不安、妒火中烧。

三、关系破裂、相互为敌的阶段

铁木真虽然对王汗的种种行为非常不满,但是他一忍再忍,表面上还是若无其事的样子。并且,为了进一步增进与王汗的情谊,铁木真特意为自己的长子术赤求娶桑昆的妹妹察兀儿别吉,同时又表示,愿意将自己的女儿豁真别吉嫁给桑昆的儿子秃撒合。他想通过换亲的方式,使双方亲上加亲。这本来是件好事,可骄傲自大的桑昆却坚决不同意,他以讥讽的口吻说:"我们家的女子嫁到他家,只能是蹲坐在毡包的门槛边看坐在上首的人;他们家的女子嫁到我们家,却是坐在毡包上首看坐在毡包门槛边上的人。"桑昆妄自尊大,蔑视铁木真,坚决不同意女儿察兀儿别吉的这门亲事。

铁木真听说了桑昆说的这些话,对王汗和桑昆非常不满。

1203年春,札木合听说铁木真和王汗之间有了嫌隙,便与阿勒坛、忽察儿和哈剌达吉歹、额不格真、那牙勤、薛格额台·脱斡邻勒、合赤温别乞等人勾结在一起,又跑到居住于者者额儿温都儿山北麓的别儿客额列惕之地的桑昆处,进谗言说:"我的安答铁木真常与乃蛮部太阳汗互派使者进行联络。他口头上说和你父亲是父子,实际上心怀叵测、另有所图。你们还在相信他吗?如果不趁早动手,后果不堪设想。如果你们准备出征和铁木真安答打仗,我就在一旁帮衬你们。"阿勒坛、忽察儿在一旁火上浇油,说:"我们为你去把诃额仑的那些儿子干掉,大的杀死,小的抛掉!"额不格真、那牙勤、哈剌达吉歹说:"我们帮你把他的手给绑住,把他的脚给捆住。"脱斡邻勒说:"我们想办法把铁木真的属民夺过来,没有了属

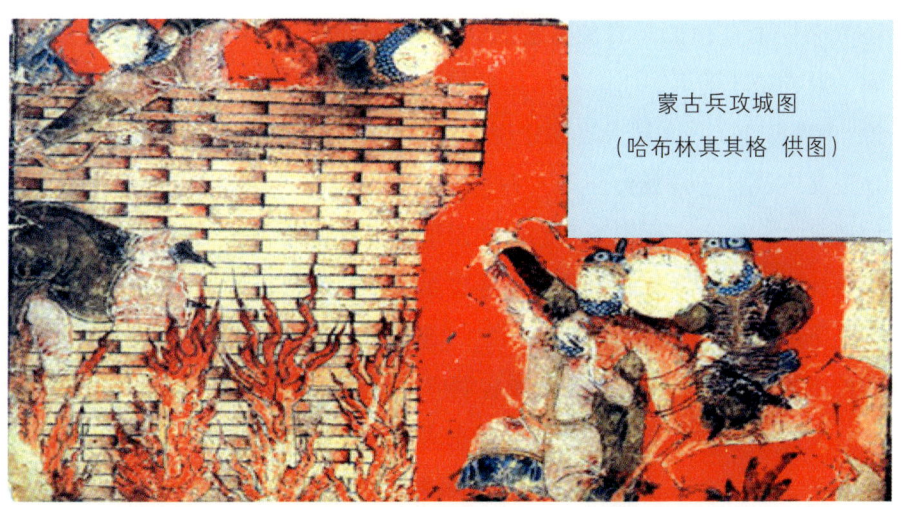

蒙古兵攻城图
(哈布林其其格 供图)

每个蒙古兵都备有两三匹马,以便及时替换(哈布林其其格 供图)

民,他就无能为力了。"合赤温别乞说:"即使桑昆你走到天涯海角,我们也永远和你在一起。"

桑昆派赛亦罕秃迭把想与铁木真相斗的想法转告了父亲。王汗听了没有同意,他说:"对铁木真儿子怎么能够抱有这样的坏心眼呢?我们现在还依靠铁木真,如果对他有恶念,天将不容啊。札木合一向是个挑拨离间、搬弄是非的人,不要相信他的信口雌黄。"桑昆又派人给他父亲捎话,说:"我们这么一大帮人在跟您说,您怎么就不信呢?"尽管桑昆三番五次地跟父亲说,王汗始终不予理睬。最后,桑昆亲自登门对父亲说:"现在您还健在,铁木真就不把我们看在眼里。如果哪天您吃白食呛住了,咽红食噎住了,您父亲忽儿察忽思不亦鲁黑汗辛辛苦苦打下的江山,还能让我们坐下去吗?"王汗还是反对,说:"怎么能怀疑自己的孩子呢?随便怀疑我们所依靠的人,真的是天理难容啊!"

桑昆听了十分恼怒,把门一摔出去了。王汗见儿子摔门而去,毕竟是亲儿子,又心疼了,马上把桑昆叫回来说:"即使怕上天惩罚,也不能不依着亲儿子呀。想怎么做,你自己拿主意吧。"

桑昆回去后,召集起同伙,说:"他们不是求娶察兀儿别吉吗?现在我们就约定日子,邀请他们来吃'巴兀勒主儿'(羊脖子肉),我们乘机把他们抓起来。"然后又派人去邀请铁木真,说:"我们同意把察兀儿别吉嫁给你的儿子,你来吃'巴兀勒主儿'吧。"铁木真听说王汗答应了儿子的婚事,十分高兴,马上准备礼物,又挑选了十位随从,打马向王汗驻地进发。路上,经过蒙力克老爹家时,天色已晚,他们决定

元代青花瓷器。从元上都遗址挖掘出的瓷器、金银币等文物,反映出当时手工艺制作技术已经发展到相当高的水平

在蒙力克老爹家住上一夜再走。听说铁木真要去王汗处吃"许婚宴席",蒙力克老爹心中十分疑惑,提醒铁木真说:"先前我们为术赤向察兀儿别吉求婚时,他们小看我们,不答应这门亲事,现在怎么突然请你们去吃喜宴了呢?我觉得这个事很蹊跷,你们得提防着点。不如以'春天马瘦,等到秋天马长得膘肥体壮时再去'为借口,把这件事缓一缓再说。"

铁木真听了,恍然大悟。于是,他派不合台、乞剌台两人去王汗处赴许婚之宴并说明情况,既对铁木真未能亲自前来表示歉意,又对王汗许婚

> 吃"巴兀勒主儿":即吃羊脖骨肉,是蒙古族古老的婚俗之一。"巴兀勒主儿"是动物的颈部,因其骨骼结构复杂、连接紧密而被用来象征婚姻的牢固,所以,结婚仪式上通常让新婚夫妇共吃"巴兀勒主儿"。后来,吃"巴兀勒主儿"也演绎为订婚的意思。

表示谢意，自己则率领其他几位随从径直返回家中。

◎ 王汗与铁木真为敌

一、卯温都儿之战

王汗父子见铁木真没有亲自来赴宴，感觉不对头，桑昆便将不合台、乞剌台两人关押起来。桑昆几个人私下商议说："看来事情败露了。一不做，二不休，我们干脆乘其不备，明天清晨就突袭他们的营地，把他们消灭在睡梦之中。"阿勒坛的弟弟也客扯连（铁木真祖父巴儿坛的弟弟忽阑的儿子）回家和老婆说起这事，恰好被他们家的马倌巴歹偷听到，巴歹又告诉了另一个马倌乞失里黑。乞失里黑去进一步核实，确认桑昆的密谋确凿无疑，两人立即骑上快马，连夜赶往铁木真营地，向铁木真报告了这件事。铁木真得到密报后，立即通报所属部众，命令他们抛掉辎重，轻装上阵。当他们经过卯温都儿北麓时，派者勒蔑殿后，主力兵马于次日中午来到合阑真沙坨（今蒙古国东方省南部）这个地方打尖。阿勒赤歹家的马倌赤吉歹、牙的儿在卯温都儿南麓放马，看见卯温都儿南麓忽剌安不鲁合惕地方尘土飞扬，遮天蔽日，两个人赶紧赶着马群去向铁木真报告。铁木真一看，知道是王汗的骑兵已经追过来了。

两军相遇，双方立即排兵布阵。王汗的军队由札木合指挥，全部兵马组成五个梯队，接连发动进攻；铁木真也把三千骑兵组成两个梯队，迎战数倍于自己的敌人，战斗异常激烈。铁木真这边，兀鲁兀惕部主儿扯歹、忙忽惕部忽亦勒答儿打先锋，打退了只儿斤人的进攻。紧接着，土绵土别干部阿赤黑失鲁厮杀过来，忽亦勒答儿受伤，被挑下马。忙忽惕部的人急忙折身返回，护住忽亦勒答儿，主儿扯歹率领兀鲁兀惕部兵士勇猛作战，打退了土绵土别干人的进攻。继续追击的时候，王汗军的第三梯队斡栾通合亦惕部又攻了上来，主儿扯歹又将斡栾通合亦惕部打了回去。豁里失烈门台吉带领王汗的一千侍卫军杀上来时，又是主儿扯歹奋勇上前，打退了

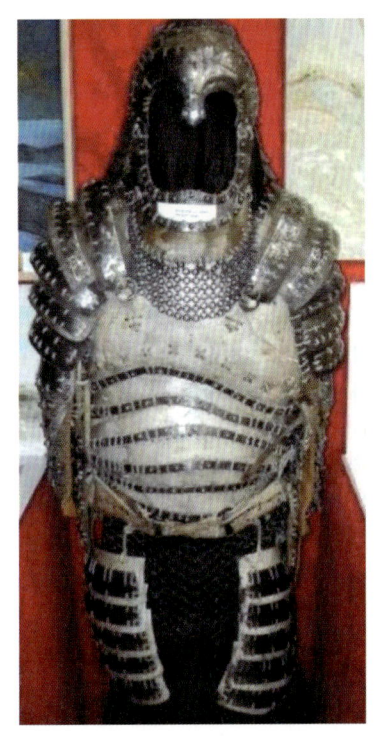

古代蒙古兵的盔甲
（哈布林其其格 供图）

豁里失烈门台吉的进攻。桑昆未经父亲同意冲入阵地，脸部中箭落马，客列惕军队奋力相救，才没有被俘。双方酣战一天，因天色已晚，各自退回营地。铁木真说："如果敌人追过来，我们就要迎战！"当晚，铁木真军马不卸鞍、人不脱衣，做好了随时出击的准备。

这次战斗，铁木真虽然以少胜多，但是他的军队也被打散，损失也很大。铁木真的大将忽亦勒答儿受了箭伤，孛斡而出的战马被打死，他抓住敌人一匹受惊跑散的驮东西的马骑上，好不容易才逃出来。铁木真三儿子窝阔台的脖子受了箭伤，流血不止，并掉了队，多亏孛罗忽勒救助，并亲自给他吸吮瘀血，才使得窝阔台脱离危险，二人次日才赶回来。

第二天，被冲散的兵士陆续回来，铁木真清点人马，只剩下两千六百余人了。铁木真说："如果敌人来，我们就迎战；如果敌人逃跑，我们整理队伍追击他们！"这时候，有人来报告说王汗的军队向忽剌安不鲁合惕方向扬尘而去。于是，铁木真率兵马沿浯勒灰河（今乌拉盖河）、失鲁格勒只惕河（今色也勒吉河）方向前进，来到答兰捏木尔格思地方，又从那里顺合勒合河（今蒙古国哈拉哈河）而下。铁木真从合勒合河离开的时候，将这两千六百余人分作两队，顺合勒合河两岸而下。为补充军粮，他们一路狩猎。忽亦勒答儿不听铁木真劝阻，在伤口尚未愈合的情况下执意去打猎，结果伤口崩裂而死。灭客列惕部之后，为了表彰忽亦勒答儿的功劳，铁木真将客列惕部大将军、只儿斤人合答黑把阿秃儿连同一百个只儿

101

斤人赏赐给忽亦勒答儿的遗孀和儿女做了奴隶，道："忽亦勒答儿功不可没，令他的子孙后代永享救济孤寡的利禄。"

铁木真听说以帖儿格·额蔑勒为首的弘吉剌惕部驻牧于合勒合河入捕鱼儿海子（今贝尔湖）这一带，就说："弘吉剌惕人靠外甥的仪表、姑娘的美貌生于世上，去把他们收复过来，如不从就征服他们！"他令主儿扯歹率领兀鲁兀惕人前去招降，弘吉剌惕部没有反抗就归顺了主儿扯歹，铁木真一点也没有伤害他们。

收复了弘吉剌惕部，铁木真率众搬迁到统格黎克小河东边。在这里休整了三个月后，他决定征服客列惕。他派遣阿儿孩合撒儿、速客该者温二人为使者前往王汗处，历数王汗出尔反尔、恩将仇报的种种卑劣行为，并要求王汗派使者前来，以商谈恢复之前的友好关系事宜。铁木真又派使者分别前往札木合、阿勒坛、忽察儿、桑昆处，揭露他们表里不一、耍两面派的阴谋诡计。后来，阿儿孩合撒儿从王汗那边回来，而速客该者温因为老婆孩子在王汗那里，心有顾忌，就留在了那里。

这边，铁木真集结散在各处的部众，休养生息，以利再战。

铁木真在统格黎克小河一带没有住多久，便搬到巴勒渚纳湖驻营。豁罗剌思部的搠斡思察罕不战而降，投奔铁木真。当铁木真来到巴勒渚纳湖时，撒儿塔兀勒（花剌子模）的一个商人阿三（哈桑之异译）骑着白骆驼，赶着一千只羯羊正在巴勒渚纳湖饮水。原来，他从汪古部阿剌忽失迪吉惕忽里那里购买了一千只羯羊，准备顺着额儿古涅河而下，从当地牧人手中收购些貂鼠、青鼠皮。如今他遇到了铁木真，便就地归顺了。

卯温都儿之战后，王汗的军队在只惕豁罗罕额列惕驻营，曾反叛铁木真的族亲答里台、阿勒坛、忽察儿和札木合、忽勒巴里、速客该者温、脱斡邻勒孛兀勒、塔孩忽剌海以及斡亦剌惕部首领忽都合别乞等相互勾结，密谋杀害王汗父子，结果事情败露。于是，答里台、忽勒巴里等带领撒合亦惕部、兀谷新部归降铁木真，阿勒坛、忽察儿、忽都合别乞、札木合等逃奔至乃蛮部太阳汗处。此后，王汗部众又来到者者额儿温都儿山的折儿山峡驻营。客列惕部经历这次激烈动荡后，王汗势力土崩瓦解，逐渐衰弱。

二、者者额儿温都儿之战

铁木真在巴勒渚纳湖一带驻营的时候，弟弟合撒儿将妻子和也古、也松格（又译作移相哥）、脱忽三个儿子留在王汗处，自己领着少数几个随从到合剌温质敦山（今大兴安岭）寻找哥哥铁木真。他们一路忍饥挨饿，历经艰险，终于在巴勒渚纳湖找到了哥哥。见到合撒儿回来，铁木真非常高兴，但又担心王汗有所警觉。为了进一步探得王汗动态，他派沼兀里耶惕人合里兀答儿、兀良合惕人察兀儿罕去王汗驻地，让他们完全用合撒儿的口吻对王汗说：

"我合撒儿离开汗父您的营地，
是出来寻找我的哥哥铁木真。
走遍深山大川，
不见我哥哥的踪迹。
喊破嗓子，
不闻我哥哥的回音。
我枕着土堆宿在野外，
望着星空度过长夜。
我的妻儿尚在汗父营中，如果汗父您能派一个亲信来接我的话，我马上就回去。"

两个使者出发时，铁木真又吩咐道："你们两人一出发，我们便马上动身到客鲁涟河畔的阿儿合勒苟吉驻营，你们回来就直接去那里。"送走了合里兀答儿和察兀儿罕，铁木真又派主儿扯歹、阿儿孩为前锋先出发，他率领部众迁至客鲁涟河畔的阿儿合勒苟吉

合撒儿画像
（包·赛吉拉夫 供图）

之地。

合里兀答儿、察兀儿罕来到王汗处,王汗正在搭起的金帐里设宴狂欢,一点也没有产生怀疑。王汗听了使者的话,说:"原来是这样,那就叫合撒儿回来吧!"他叫来亲信亦秃儿坚,让他跟随合里兀答儿、察兀儿罕两人前去迎接合撒儿。当合里兀答儿他们按先前的约定快要走到阿儿合勒苟吉时,亦秃儿坚见到大军营地,产生了疑心,调转马头就往回跑。合里兀答儿骑的是一匹快马,不一会儿就追上去,绕到前边挡住去路,这时,察兀儿罕也追了上来,一箭射中亦秃儿坚金鞍黑马的后腿,把亦秃儿坚摔下马去。二人扑过去捉住亦秃儿坚,将其押送到铁木真跟前。铁木真和亦秃儿坚连一句话都没说,只吩咐两个使者,说:

元大都(今北京)发现的陶制佛像

"送到合撒儿处,由他处置吧!"二人又把亦秃儿坚送到合撒儿那里,合撒儿问都没问一句话,一刀把他砍死。两位使者又告诉铁木真:"王汗正在驻地搭起金帐饮宴,毫无准备,我们可以趁夜出击,定能灭掉王汗。"

听了合里兀答儿、察兀儿罕两人的话,铁木真觉得很有道理,当即清点兵马,派主儿扯歹、阿儿孩为前锋,而他自己率兵从阿儿合勒苟吉出发,在者者额儿温都儿山的折儿山口,向客列惕部发动了突袭。王汗方面的只儿斤部合答黑把阿秃儿顽强抵抗,激烈的厮杀进行了三天三夜。到了第三天,合答黑把阿秃儿招架不住,终于投降了。他对铁木真说:"怎么能忍心看着自己的主人被杀死呢?为了使他们得到逃命的机会,我抵抗了三天三夜。现在,你叫我死,我就死;如果宽恕我,赐我不杀之恩,我定

释迦牟尼佛塑像

当回报。"铁木真听了,说:"谁能责备为保护主人而战斗的勇士呢?你是个可交之人。"于是宽恕了他,把他连同一百个只儿斤人一起送给忙忽惕部勇士忽亦勒答儿的妻儿做奴隶。

者者额儿温都儿之战之后,客列惕部彻底被消灭,铁木真论功行赏,将俘获的百姓和财产分配给部下。为了表彰速勒秃思人塔孩把阿秃儿的功劳,铁木真赏给他一百个只儿斤人。铁木真又将王汗的弟弟札合敢不的长女亦巴合别吉娶为妃子,而将札合敢不的次女莎儿合黑塔尼别吉许配给他的第四个儿子拖雷。至于札合敢不的属民与家财,铁木真没再分配,只嘱咐其"当好

蒙古兵的靴子,靴筒里有铁板保护(哈布林其其格 供图)

105

车之另一轮"。

为了感谢巴歹、乞失里黑前来报告王汗偷袭的消息，铁木真将王汗的金帐，所用的金酒器、碗具和王汗身边的随从人员以及客列惕部汪豁只惕百姓都赏给了他们，并祝福他们子子孙孙永远享乐。又告诫蒙古部众，永远不要忘记巴歹、乞失里黑的救命之恩。

铁木真检视俘虏和尸首，独不见王汗、桑昆和札木合。原来在部下奋勇力战之时，王汗、桑昆父子趁夜逃了出去。他们经过迪迪克撒合剌地方的涅坤湖畔时，王汗口渴难耐去喝水，被乃蛮哨兵捉住并杀掉。桑昆见父亲被杀，非常害怕，继续往前跑，到达波黎吐蕃地区，又逃到忽炭（今新疆和田）至克失哈儿（今新疆喀什）那里一个叫作彻儿哥思蛮的地方，被当地合剌赤部首领乞里赤合剌擒杀。

这便是客列惕部彻底灭亡的经过。消灭了客列惕，为铁木真统一全蒙古清除了最大障碍。所以说，这场战斗很关键。

消灭客列惕之后，1203年冬，铁木真挥师东行，在一个叫阿卜只阿阔迭格里的地方过冬。

元代鱼纹青花瓷盘。目前，元代青花瓷器散落在世界各地

征服乃蛮部

时间：1204—1218

人物：铁木真、太阳汗、古出鲁克

铁木真消灭客列惕部之后，蒙古草原上只剩下最后一个强敌——乃蛮部，铁木真率军直指乃蛮部。

◎ 强大的乃蛮部

乃蛮部在各部落中人口最多，经济、文化均较诸部落发达，是蒙古高

土耳其画家笔下的蒙古人狩猎图，现收藏于伊斯坦布尔托普卡帕博物馆（哈布林 其其格 供图）

原西部势力最强大的部落。乃蛮部东接客列惕部,西邻畏兀儿,北与斡亦剌惕部相连,南与汪古惕部、唐兀惕部隔大漠相望。乃蛮人主要从事畜牧业,有的地方也经营农耕生产。

12世纪末,亦难察必勒格汗即乃蛮汗位。他死后,其长子台不花继位,史称"太阳汗"(又译作塔阳汗)。太阳汗的弟弟古出鲁克和他争夺父亲的妃子古儿别速(实际上是争夺权位),落败逃到北方,自称"不亦鲁黑汗"。从此,乃蛮分裂为南北两部分,太阳汗主政南乃蛮。

古代带有护胸板镜的铠甲,又名"明光铠"。这种铠甲大多以金属制成,打磨得极光滑。在战场上穿此铠甲,由于太阳的照射,会发出耀眼的"明光",故名(哈布林其其格 供图)

铁木真打败王汗、消灭客列惕部之后,蒙古部疆域直接与乃蛮相连,这对乃蛮部太阳汗形成了很大的威胁。不过,乃蛮部地域辽阔、人口众多,而且反对铁木真的蔑儿乞惕部脱黑脱阿别乞、客列惕部阿兰台吉、斡亦剌惕部忽都合别乞、札答阑部札木合和朵儿边、塔塔儿、合答斤、撒勒只兀惕部残余势力先后聚集到太阳汗手下,于是,太阳汗很自负地对手下大将可克薛兀撒卜剌黑说:"天上有太阳和月亮,是为了照耀大地,地上怎么可以有两个大汗呢?现在,我们应该去攻打那些蒙古人。" 可克薛兀

> 亦难察:"信心、胆识"之意。太阳汗是汉语"大王"的谐音,源自金朝封乃蛮汗"大王"称号。不亦鲁黑,有专家解释为突厥语"统帅"之意,也是古代蒙古贵族的称号。

撒卜剌黑之前被铁木真的"四杰"打败过,他很清楚光靠乃蛮之力打不过铁木真,于是他提出可以与汪古惕部落联手攻打蒙古。太阳汗听从了他的提议,当下派遣脱儿必塔失出使汪古部,对汪古部首领阿剌兀思吉惕忽里说:"东边有少许蒙古人,请你出兵为右翼,协助我部的左翼骑兵,我们从东西两个方向夹击,把蒙古人的弓箭夺过来。"汪古部首领阿剌兀思吉惕忽里知道铁木真的厉害,没有答应乃蛮人的要求,婉言把脱儿必塔失打发走。随后,他派遣月忽难为使者前去对铁木真说:"乃蛮部的太阳汗要抢夺你的弓箭,想叫我们做他的右翼,我们没有同意。现在,我来把这一消息告诉你,请你小心些,不要让乃蛮人夺了你的弓箭。"

当时铁木真正在帖蔑延草原上围猎。他接见了来使,得悉乃蛮欲出兵的消息后,当即在围猎处召集众人,商议是否迎战乃蛮。有人提出,现在我们的战马还很瘦弱,眼下没有什么克敌制胜的好办法,不如等到秋天战马上了膘以后再战吧。帖木格斡惕赤斤说:"怎么能以战马瘦弱做借口呢?我的军马肥壮得很!听到了这样的消息,怎么能够坐以待毙呢?"别勒古

古代的游牧民族,战时骑马打仗,平时在后方从事牧业,处于半军事化状态(哈布林其其格 供图)

台也说:"作为堂堂男子汉,若被敌人夺去弓箭,活着还有什么意义?身为男子汉大丈夫,还有比与弓箭埋葬在一起更荣耀的事情吗?听到他们口出狂言,怎么能无动于衷呢?乃蛮部仗着地大人多才说出这样的大话来,我们趁此机会进攻他们,夺去他们的弓箭并不难。现在就进攻吧,他们来不及收拢那么多的马匹,来不及驮运辎重,老百姓躲进山林不敢出来。咱们马上出征吧!"铁木真听了他们说的,觉得有道理,当即撤出围猎场,从阿卜只合阔迭格儿出发,来到合勒合河畔斡儿讷兀地方的客勒帖该合答(意为半山崖)驻下,抓紧进行战前准备。

◎ 纳忽昆之战

1204年春,红日高照的一天,铁木真祭旗出征,从合勒合河畔的斡儿讷兀地方的客勒帖该合答向乃蛮进发。哲别、忽必来打前阵逆客鲁涟河而上,行至撒阿里草原,遭遇了乃蛮部哨兵,双方展开厮杀。作战中,蒙古军一匹瘦白战马被对方夺了去。乃蛮哨兵议论说:"蒙古部的战马太瘦弱了。"

铁木真主力兵马随后也来到撒阿里草原驻营,铁木真和部下一起商量如何进攻的问题。朵罗扯儿必说:"我们的兵马少,而且是远道而来,人与马都很疲惫,不如在这里喂饱了以后再战。夜里,我们一个人燃起五堆篝火,用火光造势。乃蛮人虽然很多,但据说他们的太阳汗是个未曾见过世面的胆小鬼,看见火光,一定会十分惊异,惶恐不安。这工夫,我们的马也喂饱了,我们乘势进军,一定会获得胜利。"铁木真一听,连称"妙计",立即下令休息,燃起篝火。士兵们分散于撒阿里草原上,每人燃起五堆篝火。乃蛮部哨兵从康合儿罕山头看见漫山遍野的火光,惊愕不已,说:"不是说蒙古兵很

> 扯儿必:又作察儿必,军职名。原为管理大汗斡耳朵(汗宫)、车辆、佣人或岗哨的职务,后指专门接待外国使臣的工作。

少吗?怎么燃起的火堆比星星还多呢?"于是把那匹抢到的瘦白战马送到太阳汗处,同时紧急报告:"撒阿里草原上遍布着蒙古军,而且源源不断地在增加,一到夜晚,燃起的篝火比星星还要多。"

当时,太阳汗驻营在康孩山(今蒙古国杭爱山脉)的合池儿河。得到紧急报告后,太阳汗派人给他儿子古出鲁克传话说:"蒙古战马很瘦弱,可是燃起的火堆比星星还要多,看来蒙古兵很多。我们把军队撤回阿勒台山整合兵马,再将蒙古军引到阿勒台山来,他们的战马就更消瘦了。待到那时,我们起而攻之,一定会取胜。"古出鲁克听了父亲的话,颇为不满地说:"蒙古人哪里会有那么多兵马呢?大部分蒙古兵不是跟着札木合来到我们这边了吗?"古出鲁克不但没有听从太阳汗的计策,反而在向太阳汗派去自己的信使时,用讥讽的口吻羞辱父亲一番:

"从未走出过孕妇便溺的小圈,

从未去过牛犊撒欢儿的草场那么远,

懦弱如妇人般的太阳汗,

胆小如鼠竟说出这样的话。"

太阳汗听了古出鲁克捎来的话,愤然说道:"尽管古出鲁克你有勇气又有膂力,但有可能还没跟他们交手就败下阵来。你有能耐就跟他们打呀!一旦打起来,恐怕就跟他们纠缠在一起脱不了身呢。"太阳汗手下管事的豁里速别赤那颜听了太阳汗的话,说:"你的父亲亦难察必勒格汗与

铁制马镫。马镫的发明,使骑手可以双手持兵器,战斗力大大增强。早先的马镫是在木板上凿出脚的踩踏处。吊镫皮条一般用熟牛皮做成,长短可根据骑手的身体状况调整(哈布林其其格 供图)

锁子甲是古代战争中使用的一种金属铠甲,由于其材质、构造与外观的特点,可称为真正意义上的"铁布衫"(哈布林其其格 供图)

敌人交战时,未曾让敌人看到他项背,未曾让战马掉头向后跑,你为什么要为没有到来的事情如此瞻前顾后呢?要是早知道你会怕成这个样子,还不如请你母亲古儿别速合敦来指挥呢!可惜啊,自从大将可克薛兀撒卜剌黑老了之后,乃蛮的军纪日渐松弛了,难道天下真的将归蒙古不成?唉,太阳汗啊太阳汗,你真是不中用啊!"说罢,敲击着箭筒纵马离去了。太阳汗听了大怒道:"生死一命,人皆如此。既然这样,我们就打吧!"然后便从合池儿河出发,顺塔米尔河而下,再渡过斡儿洹河,到达纳忽昆山东边的察乞儿马兀惕地方。铁木真的前哨发现了他们,马上向铁木真报告。铁木真说:"乃蛮人多,我们让他们损失多;我们人少,要减少损失!"说完,率兵前去迎战,驱走乃蛮的哨兵,又排兵布阵道:"要像灌木丛般前进,摆开海子一样的阵势,如凿子般进攻。"

铁木真把军队分成三个梯队。第一梯队由哲别、忽必来、者勒蔑、速别额台四员大将率部打先锋,后面是兀鲁兀惕部、忙忽惕部进攻,再后面是铁木真亲自出马;第二梯队由合撒儿指挥作战;第三梯队由斡惕赤斤殿后,统管预备战马、增援部队及后勤协调。这时,乃蛮军转移到纳忽昆山

前后鞍鞒镶有银边条、画有牡丹花图案的马鞍

南麓一带,哲别、忽必来、者勒蔑、速别额台四员大将率领先锋队首先冲了上去,把乃蛮军一直逼到纳忽昆山前他们的大本营。太阳汗见到如狼似虎的四员猛将很害怕,问身边的札木合:"那四个如狼一样冲入羊群驱逐群羊的是什么人?"札木合说:"那是铁木真养育的'四獒',他们有着铜铸般的头、锥子似的舌、钢铁般的心、凿子似的嘴,凶猛异常。"听了这话,太阳汗更害怕了,没敢交战就一步步撤到了纳忽昆山顶。札木合见铁木真的军队势如破竹,不战而逃,并托人给铁木真捎话说:"乃蛮军士气低落,太阳汗已经吓破了胆,我已离开乃蛮部。"

蒙古先锋部队步步为营,从南北面缩小包围圈,兀鲁兀惕部、忙忽惕部从东西两面夹击,加以封锁。合撒儿主力部队冲进乃蛮兵营,把乃蛮军逼到了纳忽昆山陡峭的山谷里,到天黑时,蒙古军把乃蛮兵团团围住。夜里,乃蛮军企图从蒙古军层层包围之中突围出去,但因天色漆黑,很多人坠崖而死,不计其数。第二天天亮后,乃蛮余众纷纷投降,太阳汗无处可逃,束手就擒,因伤势过重,不久就死了。畏兀儿人、掌印官塔塔统阿被俘。太阳汗的儿子古出鲁克因驻军他地,躲过了此劫,只率少数残兵败将

元代铠甲有柳叶甲、铁罗圈甲、皮甲、布面甲等。铁罗圈甲内层用牛皮制成,外层为铁网甲,甲片相连如鱼鳞,箭不能穿透,制作极为精巧(哈布林其其格 供图)

复制的头盔
(哈布林其其格 供图)

西行,后来又逃往北乃蛮,投靠了其叔父不亦鲁黑汗。南乃蛮地区全部被铁木真占领,追随札木合的札答阑、朵儿边、泰赤兀惕、合答斤、撒勒只兀惕、弘吉剌惕诸部残余势力统统归顺铁木真。至此,南乃蛮灭亡。

◎ **古出鲁克的末日**

古出鲁克身材魁梧,长相标致,不比常人,作战也非常勇猛。他在纳忽昆之战中逃出,投奔了其叔父不亦鲁黑汗。1205年春,铁木真大军从阿勒台山南麓出发,越过阿来岭,突袭居住于额儿的失河支流不黑都儿麻河一带的古出古惕不亦鲁黑汗,将其消灭。至此,北乃蛮灭亡。

失去依靠的古出鲁克与蔑儿乞惕部脱黑脱阿别乞一起西逃,脱黑脱阿别乞被蒙古军追杀而死,古出鲁克逃到了哈剌契丹(西辽)。

1206年,铁木真派哲别去追剿古出鲁克,但由于古出鲁

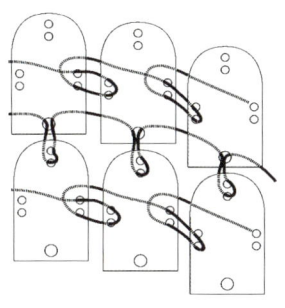

古代的战甲多为牛皮制成，上施彩绘。皮甲由甲身、甲袖和甲裙组成。甲片的编缀方法，横向均为左片压右片，纵向均为下排压上排；胄用十八片甲片编缀起来（哈布林其其格 供图）

克途经畏兀儿、合儿鲁兀惕部地方逃到了哈剌契丹，哲别无功而返。1208年，古出鲁克去投靠西辽王耶律直鲁古，得到了耶律直鲁古妻子格儿八速的赏识和信任，被尊为座上宾，不久又成了他们的乘龙快婿。但古出鲁克并不满足。他得寸进尺，进一步发展自己的势力，欲阴谋夺权。他将耶律直鲁古的将军拉拢到自己身边，又纠集乃蛮、蔑儿乞惕部残余势力，挑唆西辽附属花剌子模等，于1211年耶律直鲁古外出之际发动政变，把西辽的政权完全夺了过来。古出鲁克篡夺政权之后，对附属国民众，特别是对伊斯兰民众进行残酷的镇压，强迫境内的伊斯兰民众改信基督教或佛教。

  1218年，成吉思汗再次派哲别率军去征讨西辽古出鲁克。当哲别率军进入西辽，古出鲁克未及交手便弃城而逃，躲进撒里黑昆山谷。由于山势险恶，蒙古军无法深入。山中猎民包围并活捉古出鲁克，把他交给了前来追捕他的哲别。哲别下令将古出鲁克处死，西辽灭亡。

铁木真称汗

时间：1206年

人物：铁木真

铁木真从小受尽苦难，历尽艰险，在蒙古高原接连不断的动荡和战争中长大，练就了勇往直前的气概、坚忍不拔的毅力。他深深懂得，要想把一盘散沙似的蒙古部落统一在一起，必须拥有属于自己的可靠力量，团结和利用一切可以团结和利用的力量，给予仇敌毁灭性的打击。

◎ 铁木真称汗

1189年，铁木真在肯特山南麓的客鲁涟河上游桑沽儿小溪边合剌只鲁格山的阔阔海子边驻牧的时候，以忽图剌可汗三子阿勒坛、也速该把阿秃儿之兄捏坤太师的儿子忽察儿、把儿坛把阿秃儿之兄斡勤巴儿合黑的孙子

铁木真连续打败泰赤兀惕、客烈惕、塔塔儿、乃蛮，最终统一了蒙古高原（哈布林其其格 供图）

撒察别乞为代表的"合木黑蒙古"(全体蒙古)的贵族代表聚在一起,说:"自从忽图剌可汗之后,汗位空虚,各个部落四分五裂,各自为政,合木黑蒙古衰败已经数十年。现在该是我们推举蒙古部可汗的时候了!"经大家商议,共同拥立铁木真为合木黑蒙古可汗。铁木真欲将汗位让给自己的叔叔答里台斡惕赤斤和阿勒坛、忽察儿、撒察别乞,他们都不接受,并说:

"我们都希望铁木真你当可汗。
如果你做了合木黑蒙古可汗,
发生战争时,
我们做先锋冲在前。
把美貌的姑娘,
漂亮的宫帐以及善走的骏马,
都送给你。
打猎的时候,
我们首先去野外草原围猎,
为你前去围赶,
把那些野兽赶得肚皮挨肚皮,
把那些野兽赶得大腿碰大腿。
作战的时候,
如果我们不遵从你的命令,
你可以撇弃我们的子女,
没收我们的财物,
把我们的头颅抛到荒郊野外。
在平时,
如果我们破坏了你的决议,
你可以收去我们的属民,
夺去我们的妻妾、子女,
把我们发配到荒无人烟的地

金属编制的铠甲,前边有护心镜
(哈布林其其格 供图)

方去。"

铁木真称汗后，封孛斡而出的弟弟斡歌连扯儿必、合赤温脱忽剌温以及哲台、秃豁勒忽扯儿必四个人为佩带弓箭的可汗侍卫；安排汪古儿、雪亦客秃扯儿必、合答安答勒都儿罕三人为司膳（厨师）；让迭该当了牧马人，负责放牧羊群；让迭该的弟弟古出沽儿任司车，专管车辆运输；封朵歹扯儿必为专管家眷和仆人的家务官；命合撒儿、忽必来、赤勒古台、合儿孩脱忽剌温一同佩刀，专门负责处理紧急情况，而他们统归合撒儿管辖；让别勒古台、合剌勒歹脱忽剌温二人专门负责管理军马；让泰赤兀惕部忽都、抹里赤、木勒合勒忽三人负责管理一般的马群；让阿儿孩合撒儿、塔孩、速客该、察兀儿罕四人为联络官；封速别额台为先锋官。因为孛斡而出、者勒蔑最早来与铁木真结交，所以任命他俩为最高长官。铁木真说："蒙天地佑护，离开札木合来和我结交的吉祥的朋友们比谁都尊贵。因此，委任你们相应的职务。"

安置已毕，铁木真派联络官塔孩和速客该前往王汗处，派遣联络官阿儿孩合撒儿和察兀儿罕前往札木合处，报告铁木真称汗的消息。王汗听说铁木真称了汗，非常高兴地说："我儿铁木真做了可汗，很对。蒙古部众怎么可以没有可汗呢？"札木合听了却很不高兴，对使者说："你俩回去转告阿勒坛和忽察儿，铁木真和我在一起的时候不拥立铁木真为汗，现在却拥立铁木真为汗，这是离间了我和铁木真之间的关系。事到如今，阿勒坛、忽察儿二人以后一定要说到做到，好好扶持我的安答铁木真。"

> 成吉思：14世纪波斯历史学家拉施特解释说，在蒙古语"成"这个词根上加了复数语"吉思"，成为成吉思，意为"坚强"和"勇猛"。蒙古学者策·达木丁苏荣认为这个词来源于突厥语"唐吉思"，即"海洋"，尊号"成吉思汗"，意为"海洋般的可汗"。也有的书上写的是铁木真称帝时，头顶飞过一只鸟，叫了几声"成吉思"，众人认为这是在传达上天的旨意，由此称铁木真为"成吉思汗"。

有着龙纹图案的蒙古头盔

(哈布林其其格 供图)

就这样,铁木真继承合不勒可汗、俺巴孩可汗、忽图剌可汗的遗志,恢复了"合木黑蒙古",并被推举为可汗。

◎ 铁木真被推举为大汗

1206年,全体蒙古部贵族在斡难河源头举行忽里勒台,树立起九斿白纛(察干苏力德),推举铁木真为全蒙古的大汗,尊号为成吉思汗。国号为"也客·蒙古·兀鲁思",即"大蒙古国"。

成吉思汗登基后,建立了从中央到地方的完备的国家机构,标志着大蒙古国家政权正式建立。在这次忽里勒台大会上,完成了以下重大事项:统计了人丁和畜群;奖赏了功臣;将百姓重新整编为九十五个千户;将全国划分为左、右和中央三个万户,任命孛斡而出为右翼万户万户长,木华黎为左翼万户万户长,纳牙阿为中央万户万户长;授权忽必来为全军统领,命名忽必来、者勒蔑、哲别、速别额台为"四獒",命名孛斡而出、木华黎、孛罗忽勒、赤剌温为"四杰",确定了各千户百姓构成等;制定并颁布了《大札撒》,下令将其造青册,用白纸青字一一记录在案,永世

119

流传，不得修改；任命失吉忽秃忽为总断事官，封兀孙额卜根为负责礼仪的别乞，可以穿白衣，骑白马，坐于上首位置，专司选择吉日良辰之事宜；封蒙力克父亲的儿子阔阔出为通天大巫师——帖卜腾格里；明确呼里勒台为最高决策机构，凡是重大事宜，必须经过充分商议方可做出决定；

铁木真登上汗位，接受"成吉思汗"尊号图（哈布林其其格 供图）

> 九斿白纛：即查干苏力德。1206年，成吉思汗建立大蒙古国，九斿白纛成为大蒙古国权力的象征和成吉思汗的象征。1217年，成吉思汗把九斿白纛大旗交给木华黎，并告诉全体将领："我令木华黎统率数万军队，专事攻金。木华黎以此旗发号施令，就如同我亲自下令一样，你们必须服从。"

制定代表成吉思汗圣旨的金牌（用于战事和对外）和银牌（用于平时和对内）；确定察干苏力德为国纛，哈喇苏力德为军纛，阿拉克苏力德为族徽。

> 别乞：授予部落首领或萨满教领袖人物的称号。

又让塔塔统阿以回鹘字母为基础创制了蒙古文字。

一、实行千户制

成吉思汗打破过去部落、氏族的组织形式，将全蒙古以地区为单位，建立了左、右、中央三个万户。封木华黎为左翼万户长，孛斡而出为右翼万户长，纳牙阿为中军万户长；并封任九十五位千户长、八十八名功臣，分别对他们论功行赏。

千户制是大蒙古国军政合一的制度。千户既是军事组织，又是地方行政组织。作为军事组织，千户中的成年男人（十五岁至七十岁）都有服兵役的义务，一旦打仗，即自备战马、军械，在千户长、百户长、十户长的带领下出征参战。

按原尺寸复制的头盔
（哈布林其其格 供图）

作为地方行政组织，千户属民在固定的草牧场上生产生活，负有缴纳税赋、参加围猎等义务。千户的居民归属千户长，不得随意离开属区。

成吉思汗分给母亲和弟弟帖木格斡惕赤斤一万户，长子术赤九千户，次子察合台五千户，三子窝阔台五千户，小儿子拖雷五千户，弟弟合撒儿四千户，弟弟合赤温儿子阿勒赤歹两千户，庶弟别勒古台一千五百户。成吉思汗还将有特殊功劳者封为"达尔罕"，予以"特权"或"九次犯罪不罚"的"莎余儿合勒"，即恩典、恩赐。

圆形八思巴文字令牌
（哈布林其其格 供图）

成吉思汗的黄金家族成员，特别是他的儿子们都成为"顶梁柱"，长子术赤负责围猎，次子察合台负责行政司法，三子窝阔台负责政务，幼子拖雷负责军队组织、军马、后勤保障等。

成吉思汗分封给家族成员的土地"忽必"，又称作"嫩秃黑"或"兀鲁思"。大弟弟合撒儿的忽必在额儿古涅河、阔连海子一带，阿勒赤歹（此时成吉思汗二弟合赤温已死，由其子阿勒赤歹继承）的忽必在今乌拉盖高勒（河）一带，帖木格斡惕赤斤的忽必在合勒合河以东，别勒古台的

> 达尔罕：成吉思汗授予有特殊功劳者"达尔罕"称号，予以"特权"。被封为达尔罕的人享有特权：可以世袭；觐见可汗时，可以佩带武器进入；可以与可汗共同饮酒；出征打仗，战利品归为己有；狩猎物归己；九次犯罪不罚。后来，成吉思汗西征时，把手艺人带回蒙古地区从事手工艺品加工，并称他们为"孟根达尔罕"（银匠）、"特木林达尔罕"（铁匠），达尔罕成了所从事的职业的名称。

成吉思汗的四个嫡子图(哈布林其其格 供图)

忽必在客鲁涟河中游地带。因为四人封地位于蒙古国东部,故总称为"东道诸王"。成吉思汗西征回来之后,又为四个儿子分封土地,术赤、察合台、窝阔台的封地均在阿勒台山以西,故称为"西道诸王"。成吉思汗直接统辖中心地区。后来,成吉思汗又按蒙古"幼子守灶"之传统习惯,让自己的幼子拖雷继承了蒙古中心地区。

二、制定法律

成吉思汗注重依法治理,他制定的法律,史称《大札撒》《札撒大全》(大法典)。1202年,在征服塔塔儿时,铁木真首次发布"札撒"。消灭客

复制的带帽檐的头盔
(哈布林其其格 供图)

列惕部之后，铁木真召开忽里勒台，进一步完善"札撒"，并于1206年的忽里勒台上通过。成吉思汗让儿子察合台掌管全国行政司法，封失吉忽秃忽为最高断事官，下旨道："如今天下初定，你要做我的耳目。无论何人，都不得违抗你的言语。你可惩治盗贼和欺诈者。凡需断明是非的事，都写在青册上，以后不许任何人更改。"《大扎撒》是大蒙古国第一套应用范围非常广泛的成文法典。后来在1211年和1219年的忽里勒台上，成吉思汗两次对"札撒"做了补充。

成吉思汗制定的这部《大札撒》，用畏兀儿文字记录下来，保存于汗宫，每遇宗室诸王及文臣武将举行忽里勒台讨论重大问题的时候，都要将《大札撒》搬出来宣读，然后照其规定处理事务。《大札撒》的内容主要涉及选举、社会管理、商贸、役税、外交、驿站、军事、诉讼、哈剌出（平民）义务、财产继承等条目。

三、扩建怯薛军

1189年，铁木真统一全蒙古之后，即委派斡歌连、忽必来等组建怯薛军。1204年，进一步充实、完善怯薛军，首次组建八十名宿卫、七十名护卫，共一百五十人的私人卫队。另外命阿儿孩合撒儿从千户那颜和平民百姓中选取一千名勇士，平时充当护卫，战时充当先锋。大蒙古国建立之后，成吉思汗大大扩充怯薛军组织，在原来一千一百五十名护卫军的基础上重新建立起大汗的护卫军，其中一千名为宿卫，一千名为箭筒士，八千名为侍卫。宿卫由也客捏兀邻掌管，箭筒士由者勒蔑之子也孙帖格统领，

> 怯薛军：由成吉思汗组建的一支军队，蒙古语叫"克什克腾"，意为"近卫军"或"护卫军"。怯薛军以万户、千户、百户等各级官员子嗣构成，由成吉思汗的心腹勇将统管，由成吉思汗亲自领导和指挥，是当时大蒙古国武装力量的中坚。它的作用主要是维护成吉思汗的统治。

八千名护卫军分为八个千户,每千户委派一名千户长。怯薛军是一支特殊的军队,组织严密,纪律严明,由中军万户长纳牙阿管辖。这支军队的职责是平时轮班护卫大汗金帐,承担各种杂役事务,大汗亲征时随大汗出征,是一支战斗力很强的军队。

怯薛主要从千户、百户、十户那颜和平民子弟中挑选身体强健、武艺高超的人来充任。按照规定,千户长儿子可带一弟十伴,百户长儿子可带一弟五伴,十户长及白身人的儿子可带一弟三伴。

怯薛军在汗帐担任宿卫,分四班轮流值班,每三昼夜轮值一次,称四怯薛。侍卫于日落前将所有职责移交给夜班的宿卫,次日早饭后再换班。任何人不得混入宿卫中,不得探问宿卫的人数,不准在大汗斡耳朵前行走。如夜间有急事需要报告成吉思汗,需告知夜班宿卫并取得同意后方可入内,如果有人欲闯门而入,值班宿卫有权将其逮捕或处死。孛斡而出、孛罗忽勒、木华黎和赤剌温是四位怯薛长。

成吉思汗赐予怯薛军极高的特权,一个普通的怯薛军地位都在千户长之上,若千户长与执行任务的怯薛兵发生争斗,千户长将受到惩罚。

蒙古军作战图(哈布林其其格 供图)

巩固发展大蒙古国

时间：1206—1216 年
人物：成吉思汗、术赤、帖卜腾格里

成吉思汗虽然统一了各部百姓，建立了大蒙古国，但林中百姓尚未征服；宿敌金朝多年来蹂躏、凌辱蒙古部，特别是残酷杀害先祖，这些深仇大恨还没有报。成吉思汗清楚地知道，要报这个仇，必须对内进一步巩固政权，对外先清理周围环境，扫除后顾之忧，方能成功。

◎ 林中百姓

林中百姓是散居于蒙古西北部广阔地域的部族的总称，其中有不里牙惕、秃马惕、巴儿忽、兀儿速惕、合不合纳斯、康合思、秃巴昔、乞儿吉思、客思的音、巴亦惕、秃合思、田列克、脱额列思、塔思、巴只吉惕等部落。其中的斡亦剌惕、巴儿忽、不里牙惕、秃马惕，属蒙古部落。

古代蒙古军的头盔（哈布林其其格 供图）

◎ 平息林中百姓之乱

1207年，成吉思汗令长子术赤率右翼军收复林中百姓，由不合担任向导。斡亦剌惕部首领忽都合别乞携斡亦剌惕部前来归附，并引导术赤军进入土门斡亦剌惕之地，一直到达失黑失惕河，收复了土门斡亦剌惕。接着又抵达乞儿吉思部之地，乞儿吉思部首领也迪亦纳勒、阿勒迪额儿、斡列别克的斤前来归降，并带来白海青、白马和黑貂皮作为见面礼送给术赤。至此，包括土门斡亦剌惕部、乞儿吉思部在内的林中百姓统统被收复。术赤领着乞儿吉思万户长、千户长以及林中百姓的首领去拜见成吉思汗，并

雪中狩猎图（哈布林其其格 供图）

将白海青、白马和黑貂皮等礼物献给成吉思汗。成吉思汗对斡亦剌惕部首领忽都合别乞携领斡亦剌惕部归顺一事大加赞赏,将女儿扯扯亦干嫁与忽都合别乞的儿子亦纳勒赤,又将术赤的女儿豁雷罕嫁与亦纳勒赤的哥哥脱劣勒赤,把自己的女儿阿剌合别吉嫁给汪古惕人。成吉思汗对术赤说:"我的长子,你首次远征,就兵马无损地收复了林中百姓,这些百姓就分封给你吧!"这便是首次收复林中百姓的经过。

萨满教的护神

后来,1211—1216年期间,林中百姓却反叛了。主要原因是1211年,成吉思汗出动主要力量征讨金朝,留在后方的兵马少,力量弱。西逃的蔑儿乞惕部残余忽都等人得知这个情况之后,悄悄返回到乃蛮边境一带,企图纠集旧部东山再起。此时,已逃到哈剌契丹并篡夺哈剌契丹大权的古出鲁克也想利用这个机会打击成吉思汗,便与忽都勾结在一起。但是成吉思汗早已派脱忽察儿率三千骑兵守卫在乃蛮边境,所以他们没敢侵扰乃蛮。于是,忽都等人企图挑唆林中百姓起事儿。恰巧在这时,豁里秃马惕部首领歹都忽勒莎豁里之妻孛脱灰塔儿浑发动了叛乱。

事情是这样的:当年,豁尔赤归附铁木真时曾提出,如果以后取得江山,要娶三十个女人,成吉思汗答应了他的要求。1206年,成吉思汗封豁尔赤为额儿的失河沿岸森林百姓万户长,同意他从豁里秃马惕部挑选三十个漂亮女人娶回去。然而,豁里秃马惕部百姓不满豁尔赤强征美女的行为,发动叛乱并将豁尔赤抓了起来。

听到这个消息之后，成吉思汗认为忽都合别乞很了解林中百姓的情况，就派他去招降豁里秃马惕人，可是忽都合别乞也被抓住了。于是，成吉思汗又派中军万户长纳牙阿前往，而纳牙阿正好身体有恙，成吉思汗便改派"四杰"之一的孛罗忽勒出征。但孛罗忽勒在率兵侦查时，被豁里秃马惕部士兵捉住杀死。

成吉思汗听说孛罗忽勒被豁里秃马惕人杀死，大怒，想亲自征讨，被孛斡而出、木华黎劝住。1216年春，成吉思汗派朵儿边部朵儿伯朵黑申率军前往讨伐。经过一年多的战斗，于次年春天平定了豁里秃马惕部的反叛。在平定豁里秃马惕部反叛时，成吉思汗要乞儿吉思部予以配合，可乞儿吉思部不但不出兵，还在蔑儿乞惕和乃蛮残余势力的挑唆之下又一次背叛了成吉思汗。1218年，术赤率领右翼军，忽剌安不合打前阵，再一次讨伐乞儿吉思部，收复了反叛的兀儿速惕、合不合那思、帖良古惕、客思的音及斡亦剌惕部百姓。成吉思汗将这些百姓分给了自己的子弟们。

◎ 招降合剌鲁兀惕和畏兀儿

合剌鲁兀惕（又写作合儿鲁、葛逻禄），突厥语"骏马"之意，属突厥语系一部，臣属于西辽。

成吉思汗建立大蒙古国之后，派忽必来招降合剌鲁部，合剌鲁部首领阿儿思阑归降。忽必来领着阿儿思阑觐见成吉思汗，成吉思汗对阿儿思阑不战而降表示赞许，下旨将女儿嫁给他。后来，阿儿思阑的儿子也孙不花、也孙不花的儿子忽纳答儿都为蒙古效力。合剌鲁兀惕归属窝阔台汗侄子海都领地。

畏兀儿首领亦都护派使臣觐见成吉思汗，表示愿率部众归顺。此前，1208年，亦都护曾打败蔑儿乞惕部忽都等人，次年春，亦都护还杀死了哈剌契丹辽派来做监国的人，宣布叛离。亦都护的使臣向成吉思汗表示："臣闻成吉思汗的威德，如同云雾消散见到太阳，像冰雪消融流淌清泉。若蒙成吉思汗恩赐，臣愿得金带扣子、大红衣服的碎片，做您的第五个儿

查玛舞面具

子,为您效力。"亦都护的这一举动得到了成吉思汗的奖赏。1211年春,成吉思汗从唐兀惕回师,驻客鲁涟河斡耳朵时,亦都护带着各种珍宝从哈剌火者(又称亦都护城,在今吐鲁番东)前来觐见,成吉思汗将女儿阿勒阿勒屯嫁给亦都护。亦都护位于成吉思汗诸子之末。

◎ 收复哈剌契丹(西辽)

契丹,原居今辽河上游一带,以游牧和捕鱼为生。北魏时期,契丹与中原地区通商,用马匹、皮毛换回中原的物产。隋唐时期,契丹逐渐强盛,其首领耶律阿保机统一了契丹诸部落,于916年建立契丹王朝,建都皇都。918年改称上京,并设临潢府(今内蒙古巴林左旗林东镇南),群臣上尊号"大圣大明神烈天皇帝",为辽太祖。耶律阿保机登基之后,重视农业,启用韩延辉等汉族学士,制定各种法律,接受中原文化,并创制了

蒙古兵进攻之前，一般在左侧、右侧和背后布好伏兵，一旦开战，即从正面发动进攻（哈布林其其格 供图）

自己的文字。

1125年，辽被女真人建立的金所灭，多数民众归金。契丹皇室耶律大石（耶律阿保机八代孙）率二百个骑兵逃离，一路招兵买马，发展到万余人。他一路攻城掳掠，发展壮大，最后，现在的新疆以及新疆以西的广袤土地均归其统治。1132年，耶律大石登基称帝，号"古儿汗"，西辽王朝建立。耶律大石所建的契丹（1131—1218年），史称"哈剌契丹"（也写作喀喇契丹、黑契丹）或"西辽"。1134年，定都虎思斡耳朵。1143年，耶律大石去世，其儿子耶律夷列年幼，留下遗嘱让皇后萧塔不烟监国。萧塔不烟执政七年，于1150年将汗位交给耶律夷列。1163年，耶律夷列去世，其子耶律直鲁古还年幼，耶律夷列妹妹耶律普速完于1164年临朝执政到1178年。耶律直鲁古于1178年继位，充任西辽"古儿汗"，直到被古出鲁克夺权。

关于乃蛮太阳汗之子古出鲁克篡夺西辽汗位一事，见本书"征服乃蛮部"之内容。

女真建立的金灭辽之后,一方面利用契丹贵族为其服务,另一方面对契丹民众实行严重的民族歧视和压迫。到了金朝末年,不断出现契丹反抗金朝统治的起义。

在那征战不休、兵荒马乱的年代,契丹贵族耶律留哥在金北疆当千户长。后来,成吉思汗统一蒙古高原,金廷担心契丹人变心,下令由两户女真人监视一户契丹人。耶律留哥不愿在监视下度日,有了反叛的想法。1212年,耶律留哥招兵买马,聚众叛离,数月之内人数达十余万。耶律留哥深知自己的军队无力与金抗衡,遣使表示愿意归附成吉思汗。半路上,耶律留哥与成吉思汗派出的按陈那颜率领的蒙古先锋队相遇,便宰杀白马、白牛,面朝北方,折箭起誓,永远归顺蒙古。

契丹人归顺蒙古,在辽东举起抗金大旗,引起金廷的恐慌。金廷派完颜胡沙率六十万大军征讨耶律留哥。耶律留哥向成吉思汗求助,成吉思汗

蒙古人从西夏引进骆驼,主要用于运输(哈布林其其格 供图)

当即派出三千精锐骑兵前去支援。在蒙古军的援助下,耶律留哥打败了金军,将在战争中缴获的战利品全部奉送给成吉思汗。

金军被打败,激起了契丹人灭金复辽的信心,1213年3月,耶律留哥自立为辽王,年号元统,建都广宁(今辽宁省北镇市)。

1214年,金廷遣使叫耶律留哥投降,他没接受。于是,金廷派蒲鲜万奴领兵四十万征讨耶律留哥。在归仁(今辽宁昌图四面城)进行的战斗中,耶律留哥取胜,占领了辽东并安都咸平府。

不久,耶律留哥与木华黎率军一起夹击、歼灭了蒲鲜万奴的军队,后又打败金国左翼副帅移剌都。这时候,契丹人劝耶律留哥称帝,耶律留哥没有接受,还带其子觐见成吉思汗,并暂留那里没有回来。契丹故地由其族人统领,五年当中四换其主。此后,成吉思汗将他儿子留作质子,派耶律留哥率兵平定故地。

1220年,耶律留哥去世,其妻姚里氏去觐见成吉思汗。当时成吉思汗远征西域,成吉思汗弟弟帖木格斡惕赤斤代理国事,就让姚里氏佩虎符,管辖契丹长达七年。1226年,成吉思汗从西域回来,姚里氏听说后,领着三个儿子前去觐见正在讨伐唐兀惕(西夏)的成吉思汗。成吉思汗十分高兴地说:"连雄鹰都很难飞到这么遥远的地方,你一个女子却一路劳顿过来了,实在不简单!"于是,赐酒表示慰劳。姚里氏向成吉思汗奏请道:

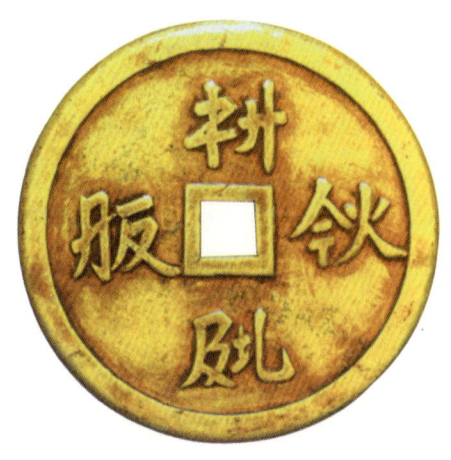

辽代契丹文钱币

出土于通辽市奈曼旗辽代古墓中的契丹公主黄金面具

"耶律留哥死后,官民无主。长子薛阇侍立于大汗左右已多年,我愿以次子善哥替代他服侍大汗,让薛阇回去继承其父亲的王位。望大汗恩准!"成吉思汗听后,说:"薛阇现在已成了蒙古人。他跟随我们东征西讨,作战勇敢,屡建战功,不能让他回去。"姚里氏跪倒在地,哭着说:"薛阇是耶律留哥正妻所生,是嫡子,应该由他来继承王位。而善哥是我所生,我不能为了自己的私利而让善哥继承王位。那样做天理不容。"成吉思汗对姚里氏的深明大义大加赞许,于是答应让薛阇回去继位,而把善哥和姚里氏的另一个儿子留下当质子。姚里氏临走时,成吉思汗为表彰姚里氏贤德,赏赐给她从西夏俘虏来的九个人、九匹马、九锭白金以及其他器具,皆以九计。成吉思汗召见薛阇说:"过去蒙古军征讨金廷时,你父亲在辽东起兵,与蒙古军紧密配合。后来他忍痛割爱,把你留在这里服侍,忠诚之心值得赞扬。再后来,女真动荡不安,你父亲连年征战,平定动乱,使我免除了对东边的担忧。可是,这些年贼臣反叛,属民四处逃散,现在不能说没有仇视你的人。我视你父亲为兄弟,所以,你也和我的儿子一样。现在你父亲已经过世,你与我的弟弟别勒古台一道管辖辽东之地吧,为第三千户。"从此,薛阇及子孙世世代代为蒙古效力。

契丹人的马具。契丹人制作马具非常讲究,络头、衔镳、缰、胸带、鞍、鞯、镫、躞蹀带、鞘带等,都相当精美、完备,体现出制作工艺的高超。其制作使用了包金银技法,采用多层次錾刻工艺,呈现出富有层次的浮雕装饰效果

契丹大字腰牌

◎ "通天巫"帖卜腾格里的诡计

帖卜腾格里是晃忽坛部蒙力克老父七个儿子当中的老四，本名叫阔阔出。他是萨满，萨满名称为帖卜腾格里，汉译为"通天巫"。帖卜腾格里是成吉思汗最尊敬的大巫师，也是成吉思汗举行祭祀活动的主要主持人，凡举行各类祭祀祭奠活动，都少不了他。帖卜腾格里凭借"通天巫"的特殊地位和他父亲以及兄弟七人的实力，声望渐高。据说有说九种语言的人聚集于他周围，甚至成吉思汗营地的人，就连帖木格斡惕赤斤的属民也投奔到他的门下。后来一直发展到"通天巫"帖卜腾格里插手黄金家族内部事务，他的阴谋才被戳穿。换句话说，"通天巫"帖卜腾格里是不使用武器而向成吉思汗地位挑战的人。这里讲几件具体的事：

一、七兄弟殴打合撒儿

首先，帖卜腾格里挑拨成吉思汗与其弟合撒儿的关系。有一天，他们兄弟七人无故殴打了合撒儿，合撒儿向成吉思汗哭诉，成吉思汗却指责合撒儿说："你平日不是说天下无敌吗，如何却被他打了呢？"合撒儿流泪而去，三日不去见成吉思汗。帖卜腾格里认为时机已到，便对成吉思汗说："长生天已有指示，一次令铁木真执掌政权，一次令合撒儿主持国事，如果不除掉合撒儿，后患无穷！"成吉思汗受到帖卜腾格里的蛊惑，连夜将合撒儿逮捕。诃额仑母亲的养子曲出和阔阔出紧急向诃额仑母亲报告此事，诃额仑母亲当即坐上白骆驼篷车，连夜前往营救。当她于第二天早上赶到时，成吉思汗已将合撒儿双手绑住，除去了他的冠、带。诃额仑母亲十分生气，亲自为合撒儿解开绳索，归还他的冠、带。然后盘腿坐下，解开自己的上衣露出两乳，愤怒地责问成吉思汗：

"看见没有，这是你们吮吸过的乳房。

合撒儿有何罪，你竟残害骨肉？

小时候，你只能吃尽我一个乳房的奶，

萨满法器——铃铛

合赤温、斡惕赤斤两个人也不能吃尽我一个乳房的奶，
只有合撒儿能同时吃尽我两个乳房的奶，
使得我胸怀宽畅。
你的能力在于心胸，而合撒儿有力气，善于骑射，
用弓箭降伏了叛离的部众。
现在敌人消灭了，你就容不下合撒儿了吗？"

成吉思汗孝顺母亲，急忙认罪："听了母亲的训诫，我羞愧难当，以后绝不再这样了。"于是他放了合撒儿，却又心存戒意，背着母亲夺去了一部分属于合撒儿的百姓，使他的百姓从四千户减到了一千四百户。诃额仑母亲知道此事后忧愁不已，迅速衰老，不久就去世了。

二、帖卜腾格里罚跪成吉思汗幼弟帖木格斡惕赤斤

继挑拨成吉思汗与其弟合撒儿的关系之后，帖卜腾格里得寸进尺，竟然逼着成吉思汗幼弟帖木格斡惕赤斤朝他下跪。帖木格斡惕赤斤的百姓有投奔帖卜腾格里的，帖木格斡惕赤斤派亲信莎豁儿前去讨人，帖卜腾格里不但不给，还指使手下人将其痛打一顿，最后，莎豁儿背着马鞍子被他们赶了回来。帖木格斡惕赤斤亲自去理论，却被帖卜腾格里兄弟七人臭骂一顿。帖木格斡惕赤斤担心被打，极力忍耐，但仍被罚跪于帖卜腾格

里背后。第二天一早,成吉思汗还未起床,帖木格斡惕赤斤径直进入金帐,向哥哥哭诉被帖卜腾格里七兄弟欺侮的经过。未等成吉思汗开口,孛儿帖夫人欠身坐起来,用被子遮住胸部,流着泪说:

"晃忽坛人为何如此狂妄?不久前围攻毒打合撒儿,今天又让帖木格斡惕赤斤面朝其背而跪!这是为什么?他们现在就欺负你松柏般的弟弟们,那将来

你大树般的身躯,
突然倒下,
你那众多的百姓,
由谁来掌管呢?
你柱石般的身躯,

藏传佛教格鲁派(黄教)
创立者宗喀巴塑像

宏大的进攻场面（哈布林其其格 供图）

轰然倾去，
你亲手建造的大业，
由谁来掌控呢？
你这正直的兄弟，
尚且被那些人暗害，
我那几个幼小的孩子，
那些人怎能让他们长大、做主呢？
你不能眼看着他们晃豁坛人欺侮自己的弟弟而不闻不问。"

听了孛儿帖的话，成吉思汗觉得有道理，便对帖木格斡惕赤斤说："帖卜腾格里一会儿就过来。如何报仇，你自己看着办吧！"

三、帖卜腾格里被杀

于是，帖木格斡惕赤斤叫来三名摔跤手站在门外。不大一会儿，帖卜腾格里兄弟七人与他们的老父蒙力克果然来了。一进到成吉思汗的斡耳朵内，帖卜腾格里便径直坐在了右手位置。这时，帖木格斡惕赤斤站起来对帖卜腾格里说："昨天你不是让我下跪赔罪吗？今天咱们出去比试比试！"随即一把揪住帖卜腾格里的衣领，将其拉出斡耳朵，命三个大力士折断其腰，丢弃在东边一串牛车旁边。帖木格斡惕赤斤返回斡耳朵说："帖卜腾格里昨天让我罚跪，今天我要和他比试，他却耍赖躺倒不起。"

这时，蒙力克老父的六个儿子堵住门口，挽起袖子就要动手。成吉思汗急忙冲出门外，侍卫们马上围在四周，将他护卫起来。成吉思汗看到被折断了腰的帖卜腾格里，叫人取来一座青帐覆到他的身上。之后，立即将斡耳朵从那里搬走了。

用青帐盖住断了腰的帖卜腾格里后，成吉思汗又派人将青帐天窗和门封得严严实实并看守起来。可是到了第三天天明时，毡包天窗忽然大开，帖卜腾格里的躯体突然消失了。事后，成吉思汗谴责蒙力克老父道："你不管束孩子们的脾性，使得他们膨胀自大，竟然欲与我们平起平坐，因此，帖卜腾格里才丢掉了性命。要是早知道你们这般德行，我就把你们像札木合、阿勒坛、忽

在伊朗展出的元代青花瓷盘子

元代八面青花瓷坛

察儿那样地处置了!"接着又说:"人活于世,不能言而无信、出尔反尔,否则会受天下人耻笑的。我曾有言在先,要赦免你九次犯罪,这次就不追究你死罪了。"成吉思汗还说道:"蒙力克父亲若是管束有方,你的孩子们若是保持谨慎,何人能与你家相比呢!"

在这次事变中,只有帖卜腾格里被杀,蒙力克与其六子均得到宽恕,从此以后,蒙力克老父的儿子们老实了。消灭了威胁成吉思汗及其黄金家族的帖卜腾格里势力之后,成吉思汗的地位更加稳固了。

◎ 清剿残余敌人

成吉思汗统一蒙古的时候,有两股敌人溃逃。一股是蔑儿乞惕部脱黑脱阿别乞的儿子忽都、赤剌温等顽固分子,另一股是乃蛮部太阳汗之子古出鲁克。

1206年大蒙古国建立之后,成吉思汗即派哲别征讨古出鲁克。1211年,古出鲁克篡夺西辽汗位,妄图恢复其祖业。此外,蔑儿乞惕部的残余忽都等反对成吉思汗的势力在乃蛮境外勾结在一起,企图趁林中百姓反叛之机,在蒙古大后方制造混乱。

成吉思汗一方面派朵儿边部的勇士朵儿伯多黑申平定林中百姓反叛,另一方面派哲别

合敦塑像

(珀·朝克图巴特尔 作品)

成吉思汗奉行宗教自由政策,各种宗教都可以合法存在,对各种教士都给予优待(哈布林其其格 供图)

铁车军:1205年秋天,铁木真命大将速别额台翻越今阿尔泰山进剿乃蛮残部。《蒙古秘史》中说,为了方便速别额台军在山区地带行军,成吉思汗命令制造了铁战车。至于铁战车究竟是何意,日本史学家那珂通世在他翻译的《蒙古秘史》中解释为"以铁裹车轮",清末外交家洪钧解释为"以铁钉密布于车轮,庶行山路不易坏"。照此说来,铁战车似乎与如今为行走于冰雪道路之上而在汽车轮胎上缠绕铁链的防滑措施相似。

和速别额台西征，去消灭乃蛮部古出鲁克及蔑儿乞惕部残余势力。1217年，速别额台率"铁车军"从土兀剌河边出发，追讨蔑儿乞惕部残余势力忽都、赤剌温，一直追至垂河（今楚河）附近，将其消灭后回到大本营。1218年，哲别率领军队直奔西辽，当地百姓杀死统治他们的乃蛮军，归降哲别。这样，哲别军队兵不血刃便征服了西辽诸城。

成吉思汗统一蒙古全境，清剿溃逃的残余势力，清理内部隐患，是他实施对外战略的重要准备。这时候，大蒙古国直接与高丽、金、唐兀惕（西夏）、花剌子模搭界，至此，成吉思汗对外征战的序幕徐徐拉开了。

进军唐兀惕（西夏）

时间：1205—1227年
人物：成吉思汗

成吉思汗进军唐兀惕的主要目的，实际上是针对金廷的。如果直接用兵金廷，蒙古西部自然受到来自唐兀惕的威胁，随时有被两面夹击的危险。唐兀惕是金廷的附属，打击唐兀惕便如同砍断金廷的右臂，同时，这也是一次攻城略地的实战训练。

◎ 唐兀惕（西夏）

唐兀惕是中国历史上由党项人建立的一个政权。党项贵族李元昊占领今宁夏、陕北、甘肃西部及内蒙古鄂尔多斯、阿拉善、额济纳等地，于1038年建立"大夏"（唐兀惕），自封皇帝，都城为额里合牙（汉语称兴庆府、中兴府，今宁夏银川）。因其位于西北地区，史称"西夏"。又因其领地大部分在黄河以西，汉文文献中也有称其为"河西"。唐兀惕（以下称西夏）建立初期臣服于宋与辽，12世纪臣服于金。成吉思汗灭乃蛮之后，蒙古便直接与西夏接壤。

◎ 伐唐兀惕（西夏）

1205年，成吉思汗以西夏容留客列惕部王汗之子桑昆为借口，遣耶律阿海率领大军首次侵入西夏领土，西夏桓宗李纯佑被迫称臣纳贡。

蒙古兵攻城时,经常使用抛石机(哈布林其其格 供图)

蒙古军作战图(哈布林其其格 供图)

西夏兀剌海城遗址。位于今内蒙古阿拉善右旗西南阿拉噶山与甘肃省张掖市山丹县交界处,距离阿拉善右旗巴丹吉林镇四十余公里

1206年,李安全发动政变,夺取王位,断绝了与蒙古的臣属关系。1207年秋,成吉思汗以李安全不肯向蒙古称臣纳贡为由,率军第二次征讨西夏。1209年,成吉思汗第三次征讨西夏。李安全派长子李承祯为主帅,大都督府高逸为副帅,领五万大军迎战。蒙古军一到,高逸不知深浅,披挂上阵,与蒙古兵展开厮杀,战不多时,西夏军大败,高逸被蒙古军捉住。

紧接着,蒙古军攻占了兀剌海城,抵达西夏都城中兴府外围。李安全又派嵬名令公率兵抵抗,嵬名令公不惧生死,拼命冲杀,蒙古兵遭到重创,损失惨重。相持两个月后,由于中了蒙古军队的埋伏,嵬名令公兵败被俘。

蒙古军迅速进攻中兴府。李安全急忙派使者向金廷求援,金廷拒绝出兵援助,李安全只好下令守城将士拼死防御。两个月后,天降大雨,河水暴涨，蒙古军引水淹城，城中居民淹死者无数，西夏军无力迎战。眼看中兴府难保，偏巧此刻黄河外堤溃决，蒙古军反受洪水困扰。两难之时，蒙古遣使入城，劝李安全投降，李安全只好把自己的爱女察合献与成吉思汗，向蒙古称臣纳贡，并表示："愿为君之右手，为您效力！"

◎ 灭唐兀惕（西夏）

成吉思汗灭西夏的原因主要有三：

一是当成吉思汗西征时，曾遣使对唐兀惕不儿罕（西夏主李遵顼）说："你不是说要做我的右手吗？如今，我要出征撒儿塔兀勒，去报断我金链绳之仇！你做我的右翼出征吧！"不等西夏主说话，阿沙敢不抢先开口道："既然力量不足，还做什么可汗？"这样，西夏不仅未派兵，还奚落了一番派去的使者。使者禀报之后，成吉思汗说："岂能让阿沙敢不如此说话？先去征讨他们又有何难？但眼下我们正要出征讨伐他人，可暂且不

成吉思汗曾经驻夏的浑垂山

理他们。待胜利归来后，再去与他们了断！"

二是1224年成吉思汗西征回来，在额儿的失河一带驻营时，西夏主李德旺进犯掠掳蒙古辖地亦集乃（今阿拉善盟额济纳旗境内）。成吉思汗得到这个消息，令木华黎之子孛鲁带兵前去征讨。孛鲁率蒙古军攻下西夏银州城，俘虏了守臣塔孩。李德旺被迫求和，答应送子入质，蒙古军才撤军。

三是蒙古军撤兵之后，李德旺不但不遣质子，还于1225年10月与金廷建立了军事联盟。

以上三个原因，迫使成吉思汗不得不再一次出征西夏。

1226年，成吉思汗率领十万大军从土兀剌河出发去征讨西夏。其子窝阔台、拖雷及孛斡而出、速别额台，后妃也遂夫人一同前往，察合台留守大营，管理后方。这年冬天，他们在阿尔不合地方围猎。在围猎野马时，成吉思汗骑着的一匹红沙马受惊，成吉思汗坠马受伤，浑身不适。那一夜，他们就在搠斡儿合惕地方住下。第二天早晨，也遂夫人对从征的两个

贺兰山今貌

收藏于鄂尔多斯市伊金霍洛旗成吉思汗陵的马鞍

儿子和那颜们说:"你们商议一下吧,大汗昨晚高烧不退。"大家商议后决定先返回去,待成吉思汗养好身体后再去征讨,并把这个决定奏报成吉思汗。成吉思汗说:"如果这样回去,唐兀惕人会说我们是胆怯而退。我们还是先派使者前去,我就在搠斡儿合惕养病,待探明他们的想法再做打算。"于是派遣使者前往西夏,谴责他们三番五次违背诺言,还出言讥讽成吉思汗。西夏主连忙说:"我没有说过讥讽之语。"阿沙敢不说:"讥讽的话是我说的。你们蒙古人不是习惯打仗吗,那咱们就打吧。在阿剌筛(今贺兰山)营地有我们的帐篷和骆驼的驮包,你们想要,就到阿剌筛与我们交战吧。想要金银、锦缎、财宝,就到额里合牙、额里折兀(西夏西凉府,今甘肃武威)来吧!"

使者把这些话禀告了成吉思汗,成吉思汗虽然还发着高烧,仍挺身坐起来,说:"他们如此口出狂言,我们怎么能退回去呢?就是死也不能放过这些说大话的人。"

于是,成吉思汗从驻营地出发,直趋阿剌筛攻打阿沙敢不,最后抓住了阿沙敢不,并将住帐篷、有骆驼驮包的西夏人悉数掳获。

这年11月,蒙古军攻破了朵儿篾该城(灵州,今宁夏灵武),随后前

位于鄂尔多斯市伊金霍洛旗的成吉思汗陵

往攻打额里合牙,把这座城重重包围。因久攻不下,成吉思汗便率主力攻打与西夏接壤的金朝。仅仅几个月,蒙古军连破数城。

◎ 成吉思汗去世及"临终遗言"

蒙古军对额里合牙的进攻越来越激烈,西夏主李睍见守城无望,向蒙古表示投降,成吉思汗命脱栾扯儿必将西夏主处死。

1227年8月25日,成吉思汗病逝于秦州清水县(今属甘肃)西江驻地大帐中,享年六十六岁。

据说,1226年春,成吉思汗有一天晚上做了个噩梦,由此怀疑自己大限已到。此时,其子孙中只有合撒儿的儿子移相哥在他身边,他就问窝阔台、拖雷离这儿有多远,移相哥回答说有二三里地远,成吉思汗遂派人把他们召集来。第二天早晨,成吉思汗对他们说:"我感觉到来日不多了。我为你们打下了从日出到日落这么广袤的江山,如果你们想保卫它不致分裂,就必须齐心协力抵御敌人。你们当中应有一人继承汗位,将来我死后，就让窝阔台为汗，不得违背我的遗命。"

成吉思汗临终前，还对子女和大臣们说："我还没有实现灭金的夙愿，我死后，你们一定要帮助我完成。"

成吉思汗又说："我病重的消息千万不要泄露出去。我死后，要密不发丧。"

成吉思汗去世后，他的儿子们遵照父汗的遗嘱，密不发丧。

灭掉西夏以后，成吉思汗诸弟、诸子和众大臣将成吉思汗灵柩护送回撒阿里草原哈老徒斡耳朵，后安葬于不儿罕合勒敦山南麓大鄂特克（又作起辇谷）地方。

传说中成吉思汗的拴马石，位于今阿拉善右旗浑垂山。成吉思汗征西夏时曾来过这里，故民间有此传说（色·哈斯巴根 供图）

成吉思汗陵中成吉思汗、孛儿帖寝宫前的成吉思汗塑像

征伐金朝

时间：1211—1234 年

人物：成吉思汗、窝阔台汗、拖雷

成吉思汗用五六年的时间收复了林中百姓、畏兀儿、哈剌鲁、唐兀惕，既消除了伐金时的后顾之忧，又提高了军队攻城破塞的实战能力。与此同时，成吉思汗还从汪古惕部和畏兀儿商人那里详细了解了金朝各方面的情况，决定伐金。

◎ 金朝

金朝是女真人建立的王朝。女真是古代生活在我国北方的民族，12世纪初，完颜阿骨打（金太祖完颜旻）任部落首领，统一了女真各部，于1115年建立了政权，建都上京会宁府（今黑龙江哈尔滨）。1125年，金灭辽。1127年，灭北宋。1153年，迁都中都（今北京）。当时，金与南宋对立，是雄踞北方的一个政权。

◎ 金与蒙古

起初，金主要与南宋对立、开战。而对北方民族，包括塔塔儿在内的蒙古各部，则实行"以夷制夷"，在各部落之间挑拨离间，促使相互残杀。在蒙古各部落中，金廷利用塔塔儿部残害其他各部，特别是通过塔塔儿抓捕成吉思汗的先祖俺巴孩可汗、斡勤巴儿合黑和客列惕部王汗的祖父忽而

穿戴铠甲并不影响士兵行动和作战（哈布林其其格 供图）

察忽不亦鲁黑汗等，将他们钉死在"木驴"上；另一方面，金廷在蒙古地区实施所谓"减丁"政策，对蒙古进行屠戮清理，不少青年男子惨遭杀害，许多妇女儿童成为奴隶。他们还把掳掠的大批蒙古人作为奴隶贩卖到中原。此外，金朝还筑起了金长城，以防御蒙古的进攻。新仇旧恨加在一起，蒙古人对金恨之入骨。

◎ 伐金

蒙古与金之间的战争，大致可以分为三个阶段。

第一阶段：1211—1217年

1211年旧历二月，成吉思汗决定伐金。临出发之前，他登上不儿罕合勒敦山，按照蒙古族的传统习惯，解下腰带挂在脖子上，脱下帽子捧在手上，向苍天祈祷："长生天啊，金朝皇帝杀害了我的先祖俺巴孩可汗和斡勤巴儿合黑，肆意掳掠我们的民众和财物，假如您允许我去报仇，就助我一臂之力，并让死去的人和各位神仙来帮助我获得成功！"祈祷完毕，成吉思汗让脱忽察儿率两千精骑在蒙古西部边境守卫，自己则带领术赤、察合台、窝阔台、拖雷四个儿子及哲别、速别额台、木华黎三员大将，亲率大军从撒阿里草原出发，穿过茫茫戈壁，到达汪古惕部驻地休兵避暑。之后，由汪古惕部人带路，分兵两路攻入金朝边境。

箭矢的种类有多种（哈布林其其格 供图）

成吉思汗率军一路过关斩将，抵达野狐岭（今河北张家口西北），金将完颜承裕（完颜胡沙）不敌退兵。蒙古军连破金兵，攻下宣德府（今河北宣化），直抵德兴府（今河北涿鹿）。

蒙古军抵达德兴府后，成吉思汗令哲别和古亦古捏克把阿秃儿二人为先锋，攻打居庸关。金兵拼死据守，难以攻破。哲别佯装败退，引诱守军出关，两军厮杀起来。蒙古军假装不敌败走，沿途丢下许多牙帐、兵器、瘦马、盔缨，金军一路追赶。追至宣德府的山嘴时，哲别率军突然转身杀向敌阵，金军被蒙古军冲得七零八落，溃不成军。哲别率军乘胜前进，成吉思汗的中军接着来到，大军一鼓作气，攻破居庸关，直逼金都城中都。金军兵拼死抵抗，加上中都城墙坚固，蒙古军只好退兵。

蒙古西路军由术赤、察合台、窝阔台率领，先后攻克净州、丰州、云内（今内蒙古土默特左旗）等州县，直抵金西京（今山西大同）。

蒙古军虽然连连获胜，但到达各地只是杀掠，不守得地，结果前脚刚走，金军后脚过来又占了。1213年，蒙古军重新占领宣德府、德兴府，并打败金十万大军，再一次南下进攻中都。金军加强防守居庸关，用铁铸门，还在关外百里布满"铁蒺藜"，以阻挡蒙古军。硬攻难以奏效，成吉思汗令少部分兵马留守居庸关外，佯装与金军对峙。然后，命哲别率精骑连夜绕飞狐道（今河北涞源），越紫荆口（今河北易县西北紫荆关），从南面再一次攻下居庸关，第二次包围了金中都。中都防守严密，成吉思汗暂时改变攻城计划，一方面命蒙古军围困中都，切断供应，另一方面分兵三

盔甲有多种。不同的战斗，士兵配备不同的盔甲出战（哈布林其其格 供图）

铁蒺藜。中国古代一种铁质、带尖刺的撒布类障碍物。在战斗中,将铁蒺藜撒布在地,可以阻碍敌军人马通过

路,向金发动进攻,彻底切断金军后援。

1213年底,蒙古三路军在中都西北郊失刺客额儿(今北京市昌平区南口镇龙虎台村)会师。

就在蒙古大军大举攻金时,耶律留哥在辽东地区起义反金。金廷内部发生政变,金宣宗完颜珣内外交困,焦头烂额。

金宣宗采纳了完颜丞相的意见,向蒙古纳贡求和,并将完颜永济的女儿岐国公主献给成吉思汗。成吉思汗与金议和,解除了对中都的围困。

之后,成吉思汗派五万大军南下,与投降成吉思汗的契丹乣军(北方部族人员组成的杂牌军)会合,第三次围战中都,中都周围州县的守军将士纷纷投降蒙古军。

中都情况日渐危急。金宣宗向中都运输粮草,又令两路兵马赶往中都

成吉思汗九员大将:指锁儿罕失刺、木华黎、槲蒺儿坚、孛斡而出、者勒蔑、哲别、哈剌吉鲁、孛罗忽勒、失吉忽秃忽。锁儿罕失刺是泰赤兀惕部的属民,1206年大蒙古国建立时,在被委任的八十八名功臣中排名第二十七位;槲蒺儿坚,除了是主儿乞惕人之外,别无记载;哈剌吉鲁,没有记载;失吉忽秃忽在1206年被委任的八十八名功臣中排名第十六位,并且被任命为最高断事官。

不同的头盔示意图（哈布林其其格 供图）

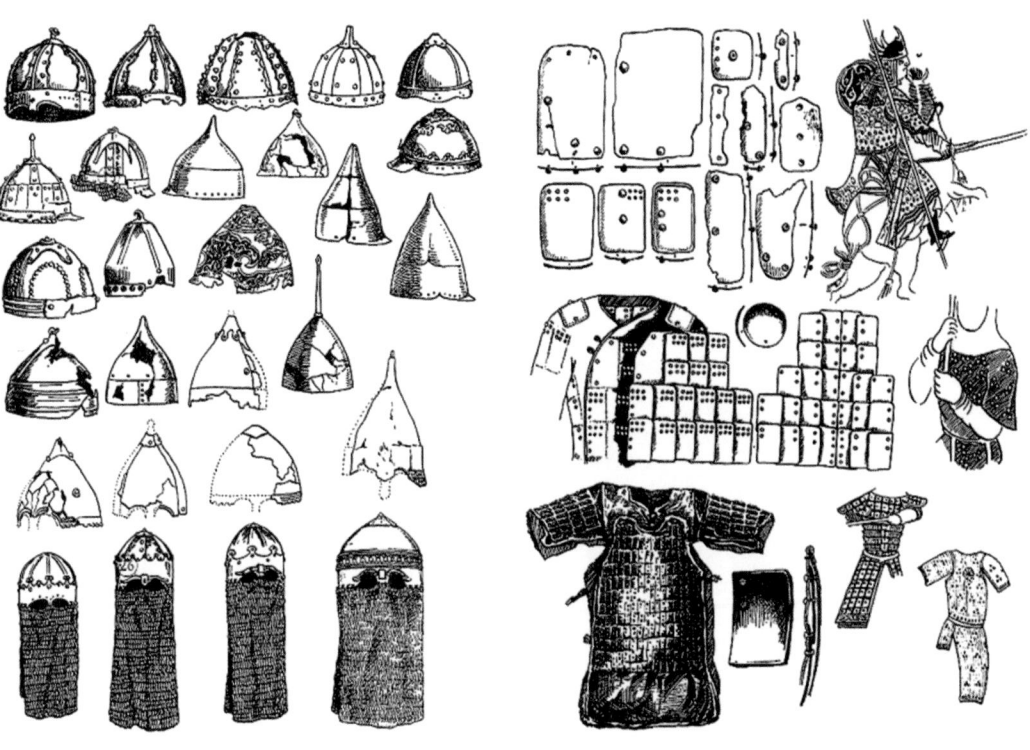

重量不等的头盔	古代蒙古士兵铠甲结构示意图
（哈布林其其格　供图）	（哈布林其其格　供图）

救援。金援军半路被蒙古军截击，所带粮草悉数被蒙古军获得。中都落入蒙古军手中。

占领中都之后，成吉思汗分兵三路，进军金新都南京。同时令木华黎率弘吉剌惕部军兵及契丹军等征辽西地区。

成吉思汗又遣使前往金朝，要求金宣宗献出尚未被攻陷的州县，放弃汗号，金宣宗没有答应。

蒙古军一路破潼关后，抵达金南京西边，遭到金军顽强抵抗。蒙古军攻城不破，只好退兵。

1214年至1215年间，木华黎统领的军队几乎控制辽西全境。1216年春，成吉思汗班师回客鲁涟河畔大斡耳朵，启程之前将征战中原之重任交

围攻中都图（哈布林其其格 供图）

给了木华黎。

第二阶段：1217—1223年

1217年，成吉思汗封木华黎为左翼万户长、太师、国王，赐金印和九斿白纛，授权他指挥扎剌亦儿、弘吉剌惕、兀鲁兀惕、汪古惕等部蒙古军，同时，依靠归降蒙古的金朝将领，统领他们管辖的契丹军，充任征金大元帅攻金。详见本书"木华黎"之内容。

第三阶段：1229—1234年

窝阔台继位第二年，即1230年，决定亲自率军伐金。窝阔台命兀剌答哈儿、豁尔赤留守哈剌和林城，带弟弟拖雷、侄子蒙哥及阿剌赤歹（合赤温之子）、衮不花（别勒古台之子）率军南下，开始了灭金行动。1231年，窝阔台召集重臣商讨攻金策略，并根据拖雷等人的提议，制定了分兵三路进攻金朝腹地的方案。

各种头盔与面具示意图(哈布林其其格 供图)

中原使者拜见成吉思汗图(哈布林其其格 供图)

盔甲对身体各部位的保护示意图(哈布林其其格 供图)

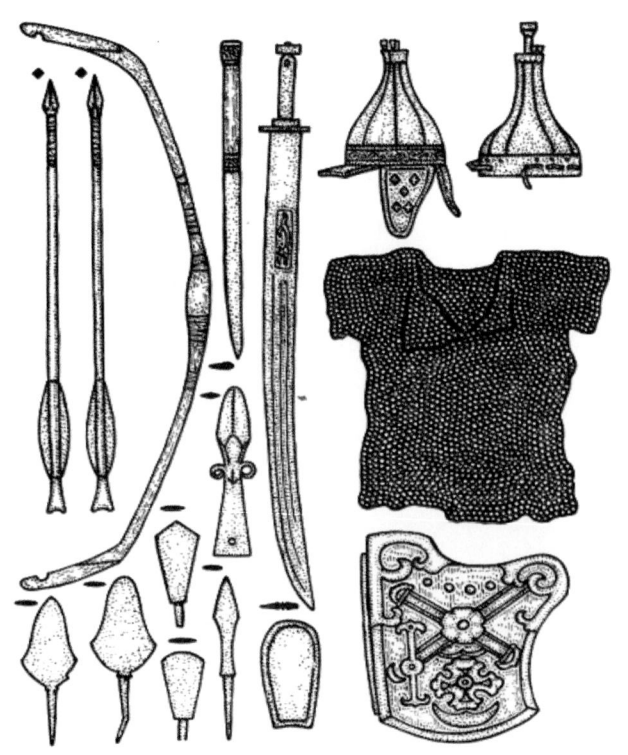

古代参战士兵的盔甲和携带的武器示意图(哈布林其其格 供图)

元代的香炉

元代的八面青花瓷壶

窝阔台率中路军南渡黄河,从今洛阳方向进攻汴京(今河南开封);左路军由弘吉剌惕部万察那颜率领,从今济南方向攻打汴京;拖雷率西路军北上攻伐汴京,并约定第二年春天三路军会师汴京。

10月,窝阔台汗攻占河中府(今山西省永济市西南蒲州镇)。

拖雷军占领宝鸡后,派使者卓孛罕去往南宋,一是提出要借道,二是请求联合攻金。宋朝不但没有同意借道,还杀了蒙古使者。拖雷非常愤怒,分兵攻打南宋许多城池,南宋与蒙古军发生了一场战斗。

1231年底,拖雷军来到邓州边境,金哀宗非常紧张,令完颜合达、移剌薄阿两员大将率二十万大军守邓州。又派遣使者到南宋求援,要求联合起来共同抗击蒙古,南宋没有同意。拖雷了解到金军布置了个非常厉害的阵法,就向速别额台请教如何才能打赢敌人。速别额台告诉他:"金兵大多没吃过苦,怎能受得了野战的艰苦?采取游击、袭扰的疲劳战术,定能

163

蒙古军破敌阵之前,或占领有利地形,观察敌情,探得虚实;或故意制造混乱,乘虚而入,一举攻破(哈布林其其格 供图)

成功。"拖雷采纳了速别额台的意见,调整了自己的战术。拖雷军连续三天攻邓州不破后,撤离而去,而主力杀向汴京。

完颜合达、移剌薄阿不知拖雷撤退是个计,发现拖雷主力已杀向汴京后,急忙率领十五万精兵赶往汴京救援。蒙古军队采取疲劳战术,当金兵进击时,蒙古军不战自退;金兵刚扎好营寨,蒙古军就来偷袭。金兵很快疲惫不堪,怨声载道。当行进到三峰山时,金兵披甲僵立雪中,冻得

辽上京遗址出土的龙纹铜盘

连武器都握不住了。拖雷军提前占领了三峰山东北、西南两处有利地形,窝阔台汗派来的援军也已赶到,蒙古军士气更加高涨,轮番向金军发起攻击。经过几天的激战,金军三十四万大军全军覆没。

◎ 拖雷之死

1232年，正当伐金战役进行得如火如荼时，窝阔台汗突然患病，口不能言，只好请来巫师为他治病。巫师口念咒语为窝阔台驱邪，说："大汗突然患病，这是因为您的军队杀死了不少金朝百姓，毁坏了不少城郭，所以他们的土地神、水神来找麻烦。如今，只有让您的一个亲人做替身，您的病才会好。"窝阔台汗急忙问身边的人说："如今我身边的宗亲都有谁？"拖雷正好在旁边，听到巫师所言，毫不犹豫地说："如果兄长您有个不测，那么蒙古百姓将成为遗孤，金人必将欣喜，就让我代您受过吧。"说完，拖雷就把巫师为窝阔台汗驱邪念咒的那碗水喝了下去，很快就去世了。关于这件事，也有观点认为可能是窝阔台汗利用萨满教对威胁自己地位的弟弟下了毒手。

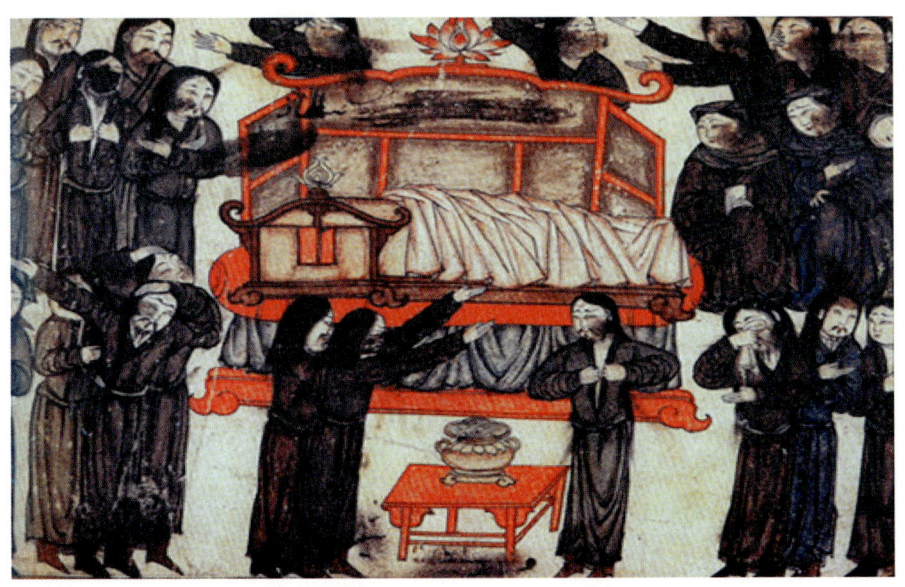

反映拖雷去世后情景的一幅画作（哈布林其其格 供图）

◎ 金朝灭亡

窝阔台汗痊愈后准备返回，将攻汴京、灭金的任务交给了大将速别额台。1232年3月，速别额台围攻汴京，金哀宗准备把金宣宗之孙完颜讹可送到窝阔台身边充当人质，向蒙古议和。7月，速别额台遣使三十人赴汴京商谈议和等事宜，金将军蔡元却把蒙古使者全部杀死。窝阔台汗愤怒异常，令速别额台速破金都汴京。金哀宗率众逃奔归德（今河南商丘）。速别额台率军攻打汴京，金元帅崔立杀死守城官兵，向蒙古军献城投降。

归德被蒙古军包围之后，金哀宗又逃往蔡州（今河南汝南）。为了尽快灭金，窝阔台汗派出使者前往宋朝，约宋联合灭金。11月，南宋孟珙带领两万军队从襄阳出发，和蒙古军联合攻蔡州。1234年旧历正月，宋蒙联军攻入蔡州外城。金哀宗看大势已去，传位于内族完颜承麟，然后上吊而死。不久，蔡州被攻陷，完颜承麟被蒙古乱军杀死。统治达一百二十年的金王朝就此灭亡。

辽上京遗址出土的三色砚台

古代的箭筒。存放箭的袋子或筒,最初用皮革、木料等制成,后来也用青花瓷、金属制作,装饰有花纹和金属牌子(哈布林其其格 供图)

最早的金属身管火炮——青铜火铳

木华黎

时间： 1170—1223 年

木华黎，蒙古国开国功臣。他出身于祖祖辈辈生活在斡难河东岸的扎剌亦儿部，其父孔温窟哇，曾追随铁木真征蔑儿乞惕、战乃蛮，多次立过战功。传说有一次，铁木真等和乃蛮人作战被打败，只有六个人逃出来。在路上，他们又饥又渴，孔温窟哇射杀了湖边饮水的野骆驼羔，正在给铁木真烤肉吃的时候，乃蛮人追过来射死了铁木真的坐骑。同伴们非常慌张，只有孔温窟哇沉着冷静，把自己的战马让给铁木真骑，自己却徒步去

成吉思汗与诸子图（哈布林其其格 供图）

阻拦来敌，舍身替死。

◎ 忠心耿耿　战功卓著

孔温窟哇有五个儿子，木华黎是他第三个儿子。传说木华黎出生时，有一股白气从帐中冲出，人们见了非常惊异，认为这孩子日后必成大器。果然，木华黎长到十多岁时就才智超人，沉毅多智，远近闻名。1197年，孔温窟哇将木华黎和不合两个儿子送给铁木真做"梯己奴隶"。

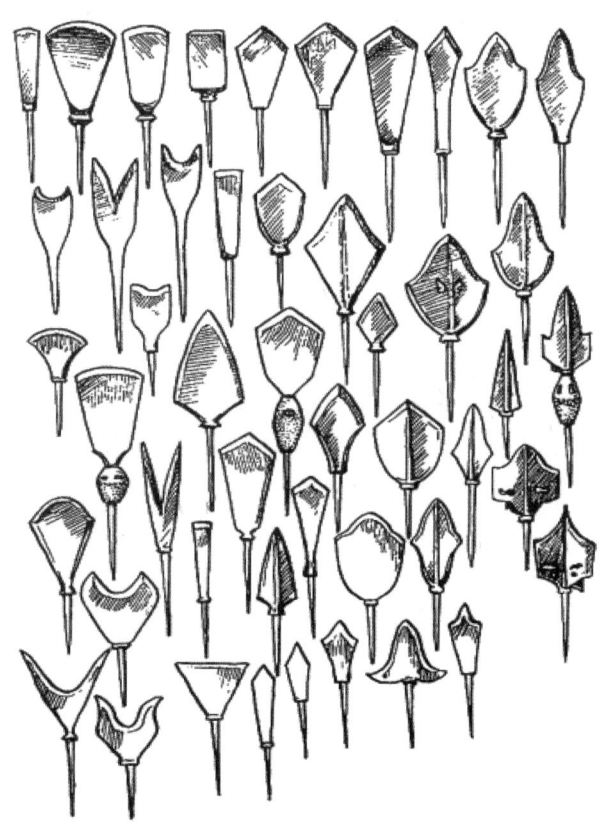

用途不同的各种箭镞。箭镞根据形状分为三翼形、双翼形、三棱形、四棱形、双翼双尾形、三翼三尾形等。古时的箭镞多为铜制，也有的用骨头制成（哈布林其其格 供图）

一次，铁木真在不儿罕合勒敦山上被塔塔儿人突袭，铁木真大败，军帐全被塔塔儿人裹走。晚上，风雪交加，铁木真卧在枯草中过夜。木华黎和孛斡而出整夜举毡为铁木真遮蔽，而自己身上仅披一件皮毡站在深雪中。翌日醒来，铁木真看见二人冰雕雪塑般护卫着自己，感动不已。

还有一次，铁木真与三十余骑赶路，经过一山谷时，铁木真问："这个地方贼人多，如果遇着该怎么办？"木华黎说："我愿以身抵挡！"不久，真的有一伙贼人冲过来。木华黎立即冲上前去，一边拨飞对方射来的如蝗箭矢，一边寻机拨出筒中箭，将冲在前面的人射杀而死。贼人主帅问："这是谁发的箭？"回答说："木华黎！"贼人早就听说过木华黎的威名，一听吓得抱头鼠窜，铁木真得以

古代蒙古兵作战时使用的兵器

（哈布林其其格 供图）

成吉思汗"四杰"：孛斡而出，阿鲁刺惕部纳忽伯颜之子，1206年被委任为大蒙古国八十八位功臣之第二位，并出任右翼万户长，享有九次犯罪不罚之特权；木华黎，扎剌亦儿部人，1206年被委任为大蒙古国八十八位功臣之第一位，并出任左翼万户长；博罗忽勒，原附属主儿乞部，1206年被委任为千户长；赤剌温，锁儿罕失剌之子，1206年，成吉思汗授予他享有"有想说的话，有想要的缺少的东西，不要通过旁人来说，可以亲自找我，说你们想说的话，要你们缺少的东西"的权利。

蒙古兵远征时,从不带锅碗瓢盆之类的用具(哈布林其其格 供图)

脱离困境。

在铁木真统一蒙古高原的过程中,木华黎忠心耿耿,战功卓著,功在百官之上,号称成吉思汗"四杰"之一。1206年,成吉思汗建立大蒙古国,木华黎受封千户长兼左翼万户长,拥有汗庭以东至哈剌温山(今大兴安岭)的广大地区,并世任怯薛军之长,为大蒙古国十大功臣之一。

1211年,木华黎跟随成吉思汗伐金,率军迎战三十万金军。在野狐岭之北,木华黎率一千精兵打先锋,尽歼金军精锐。

1214年,成吉思汗派木华黎征辽东、辽西。木华黎先后抵达高州(今内蒙古赤峰附近)、锦州,各州府的官吏纷纷投降蒙古军。

存放不同箭矢的箭筒（哈布林其其格 供图）

穿着盔甲的兵士做任何动作都不受影响
（哈布林其其格 供图）

1216年，木华黎亲自率军兵临兴中府（今辽宁朝阳）。他先派先锋吾也而佯装猛攻敌人的溜石山，又派蒙古不花在永德县东候敌。金军三万八千余人浩浩荡荡来支援溜石山。蒙古不花领兵直奔敌军，木华黎半夜率大军急速前进，与蒙古不花形成夹击之势。蒙古军三千名神箭手万箭齐发，全军三万步兵抱头鼠窜。蒙古军乘胜前进，包围了锦州

未经长官允许,擅自离开十户、抢劫或站岗放哨时睡觉者都会受到处罚(哈布林其其格供图)

城。两军相持月余,金军内部发生叛乱,献城投降。

◎ 伐金最高统帅

1217年的一天,成吉思汗把木华黎叫到跟前说:"太行以北,由我亲自掌管;太行以南,就由你去掌管吧!"他封木华黎为太师、国王,赐给木华黎一方金

> 糺军:指辽、金、元时期,北方被征服的各族人组成的军队。糺军之名始于辽。金之糺军散居于东北、西北、西南三路。蒙古兴起后,金西南路与西北路糺军相继归附或被征服,成吉思汗将他们分配给孛斡而出、木华黎指挥;东北路糺军则在窝阔台时归属,成为元代辽东之糺军。

箭筒（哈布林其其格 供图）

印，又把九斿白纛大旗交付木华黎，并告诉全体将领："我令木华黎统率军队，专事攻金。木华黎发号施令，就如同我亲自下令，你们必须服从。"

1217年，木华黎军攻取今河北、河南、山东、山西、陕西许多地方。

1218年，木华黎从金西京出发，经太和岭，抵黄河以东，攻取诸多州府。

1220年，木华黎率大军来到河北，包围真定。

此时，中原大部分地区已经得到平定，木华黎严禁蒙古军劫掠，所俘获的男女老少，一律遣还故里。违者，军法论处。军中从此肃然有序。之后，木华黎派蒙古不花攻河南，木华黎率军随后进入济南，济南守将投降。至此，山东、山西等地的大部分地方归于蒙古。

当时，金军在黄河南岸布下阵势，以决一死战。木华黎说："这次战斗用短小的武器才会取胜。"于是命骑兵下马，把弓拉满一齐放箭，自己也下马督战，果然大败敌军。金军利用黄河天险严防死守黄陵岗，木华黎久攻不下，改攻楚丘，又攻下单州，包围东平。金守将顽强抵抗，一时难以攻下。

1221年夏初，东平粮食吃尽，金守将忙古逃奔汴京，蒙古军进入东平。同年，木华黎遣使前往花剌子模，一则向成吉思汗问安，二则禀报伐

蒙古马动作灵敏,行动快捷(哈布林其其格 供图)

金五年的战绩,并请示班师时间。成吉思汗召见了使者,说:"在外战斗数年,占领了大片土地仍忠心耿耿的,只有我木华黎国王了。我对他坚信不疑,他对我绝无二心,真是万代之楷模啊。夺取敌全部疆土的那一天,就是凯旋的日期。"

1222年,木华黎从金西京出发,渡黄河进入葭州,攻取绥德,击破马蹄寨,又南下攻取了洛川,攻克了潞州。

8月,木华黎整顿兵马,攻取兴州、冀州后,突袭河中府。木华黎命修建浮桥,等大军回师时使用。然后,木华黎率大军渡过黄河,攻克同

古代蒙古人根据需要制作不同射程的弓箭（哈布林其其格 供图）

州、蒲城，直奔长安，但久攻不下。木华黎拨兵六千屯守于此，又率军连下乾州、滨州，向西进击凤翔。

蒙古兵根据需要使用不同的箭矢。响箭、火箭用于彼此间的联络,对敌人有震慑作用;火箭则用于焚烧对方的阵地和城郭(哈布林其其格 供图)

蒙古兵作战时,时刻侦察敌情,严防敌人突袭

(哈布林其其格 供图)

◎ 木华黎逝世

1223年春,木华黎欲率军回师,因浮桥没有建成,不肯坐着等待,又攻下河西一带十余个堡寨。3月,木华黎率军渡过黄河回到闻喜县(今属山西),病情加重,不久病逝,享年五十四岁。

蒙古人全民皆兵,时刻准备出征打仗(哈布林其其格 供图)

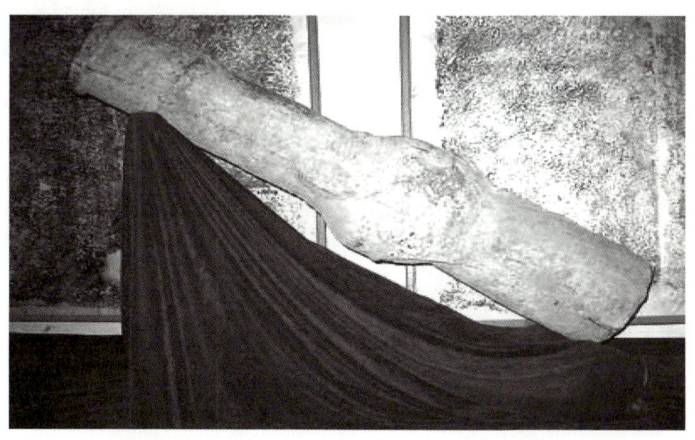

元大德二年(1298年)的铜火铳

成吉思汗西征

时间：1219—1225 年

人物：成吉思汗、穆罕默德、札兰丁

成吉思汗西征花剌子模，是大蒙古国开辟的第二个战场。这里所说的第一战场，指木华黎统领的伐金。

每次出征前，成吉思汗都要召集黄金家族成员、文臣武将举行忽里勒台，详细制订作战方案（哈布林其其格 供图）

◎ 花剌子模

花剌子模，蒙古人称之为"撒儿塔兀勒"，是位于中亚阿姆河下游的古老国家。都城起初在乌尔根奇（今土库曼斯坦达绍古兹州）。花剌子模地处中亚西部地区，是东西南北商人必经之路，自古便是商贸中心。12世纪中叶，花剌子模被契丹耶律大石建立的哈剌契丹（西辽）所占领，成为其藩属。13世纪初，花剌子模都城由乌尔根奇转移到撒马耳干。当时花剌子模的国王是阿拉乌丁·摩诃末（穆罕默德），即《蒙古秘史》中写到的"算端"（即"苏丹"，相当于"国王""皇帝"）。成吉思汗所建大蒙古国先后收复了哈儿鲁等部族，特别是灭哈剌契丹之后，直接与花剌子模搭界。

轻骑兵随时准备应对突发事件和远程突袭
（哈布林其其格 供图）

> 撒儿塔兀勒：当时，来自花剌子模的商人自称撒儿塔兀勒，久而久之，蒙古人便把花剌子模称为"撒儿塔兀勒"，其含义便是"商人之国"。

◎ 战争起因

蒙古兵的主要兵器有弓箭、铁棒、长枪、匕首、短锤、盾等（哈布林其其格供图）

1215年，得知成吉思汗蒙古军占领了金中都，花剌子模算端遣使前去拜见成吉思汗，成吉思汗表示愿意与花剌子模友好往来。之后，花剌子模就派出一个商队前来贸易，成吉思汗也派出在蒙古的花剌子模商人作为自己的使者，带一个商队去花剌子模回访。1218年春，双方签订了友好进行商贸来往的协定。可时隔不久，发生了两起破坏双方友好关系的事件。

第一件事是武装冲突和边界纠纷。当年，速别额台率兵去剿灭以忽都为首的蔑儿乞惕部残余势力，在返回的路上，花剌子模算端阿拉乌丁·摩诃末带兵追打。速别额台拜见花剌子模算端，劝说不要兵戎相见，可花剌子模算端不听劝告，仍然突袭蒙古军。战斗中，花剌子模算端差点被蒙古军生擒，多亏被其子札兰丁救走。此后，哲别奉命灭哈剌契丹时，花剌子模算端抢先占领了原属哈剌契丹的讹答剌一带地区，由此引发双方的边界纠纷。

第二件事是花剌子模把蒙古商队的人处死了。花剌子模的使团回去之后，花剌子模派商队来蒙古贸易时，成吉思汗以贵宾来招待。成吉思汗派商队前往花剌子模贸易时，让使臣给阿拉乌丁·摩诃末带去一封信，再一次表达双方友好来往的良好愿望。

当成吉思汗派出的商队来到花剌子模边境讹答剌城时，讹答剌总督亦纳勒出黑见财起意,诬陷商队是间谍。阿拉乌丁·摩诃末未经调查核实,下令将商队的人全部处死。商队里有一个人逃脱,将这个消息报告了成吉思汗。

成吉思汗听到这一消息,十分愤怒,但他从大局出发,又派出以巴合剌为首的三人为使者,向花剌子模算端传达他的想法,指责其背信弃义,

冬季,蒙古兵头戴皮帽,身穿皮袍,脚穿毡袜和牛皮靴子御寒
(哈布林其其格 供图)

要求交出凶手。可是花剌子模算端不但没有交出凶手,还下令杀死了巴合剌,剃掉另外两个使臣的胡须,将他们羞辱一番以后驱逐出境。

于是,成吉思汗召开忽里勒台商讨此事,决定亲自率兵去征讨花剌子模。他令幼弟帖木格斡惕赤斤镇守大本营,组织兵马加紧制造武器等,将大军出发前的各项准备工作做得井然有序。

1219年6月,二十万蒙古军从客鲁涟河出发,杀向花剌子模,随成吉

蒙古兵行军时,以纵队队形保持一定距离前行
(哈布林其其格 供图)

蒙古军渡河图（哈布林其其格 供图）

蒙古军中的通信兵可以迅速传达命令，或随时侦察、掌握领地发生的新情况、新动态（哈布林其其格 供图）

蒙古军西征攻城时已经使用了火药（哈布林其其格 供图）

> 斡惕赤斤："斡惕"意为火，"赤斤"意为主，斡惕赤斤即"灶主"的意思。蒙古人讲究幼子守灶，幼子称为"斡惕赤斤"，有继承父辈遗产的特权。

思汗出征的有忽兰合敦，术赤、察合台、窝阔台、拖雷四个儿子，孛斡而出、哲别、速别额台、失吉忽秃忽、耶律阿海、耶律楚材。大军一直来到额儿的失河畔驻营，休整队伍。大军出发前，成吉思汗派哲别为先锋，派遣速别额台为哲别后援，派脱忽察儿为速别额台后援。随后，成吉思汗大军一路前行，侵入花剌子模边境。

◎ 攻打花剌子模

蒙古大军抵达讹答剌城之后，决定分兵四路发动进攻。

1219年秋，术赤、察合台、阿剌黑等统领的三路军在今锡尔河上下游地区全面展开进攻。察合台、窝阔台统领的第一路军首先围攻讹答剌城。蒙古军攻打不止，虽然讹答剌城工事坚固，但守军人心已然动摇，其头目

蒙古军一旦攻下一座城,便挑选城中青壮年从军,其余百姓则放他们回家(哈布林其其格 供图)

训练有素的蒙古军勇猛无比(哈布林其其格 供图)

火炮（哈布林其其格 供图）

趁黑夜打开城门企图逃跑，被蒙古军捕杀，讹答剌城被攻破。

术赤统领的第二路军首先在锡尔河沿岸攻克昔格纳黑等城，1220年春打到毡的（也写作真德）城时，守将连夜逃奔乌尔根奇。术赤派成帖木儿劝降当地居民，蒙古军通过云梯进入城内。此后，术赤从当地招募了一万名士兵，交泰纳里率领前往乌尔根奇支援，自己率兵去攻取哈剌呼木。此后不久，一直到锡尔河下游的地区统统被蒙古军占领。

阿剌黑、雪亦客秃、塔孩等统领的第三路军进攻锡尔河上游地区，首先攻占了费纳客忒城。当蒙古军到达忽毡城时，名将帖木儿灭力全力守城，经过几番对抗，帖木儿灭力全军覆没，只剩下他一个人到达乌尔根奇，后来又去投靠了札兰丁。至此，锡尔河沿岸的所有地区落入蒙古军手里。

1220年3月，成吉思汗大军直逼不花剌城下，哲别率领的两万名先锋军也差不多于同一个时间出现在今阿姆河岸。花剌子模号称拥兵四十万，但花剌子模算端畏惧突然出现的蒙古军，不顾其儿子札兰丁等人的劝阻，弃城逃亡。经过激烈战斗，不花剌城被攻破。

1220年5月，蒙古四路军会师于撒马耳干。当时的撒马耳干城高池深，不仅拥有精锐军队，而且还有体型巨大的二十头战象。成吉思汗率诸将领仔细巡视两天，第三天黎明时下达了战斗命令。

蒙古兵使用的刀,刀把短扁,刀刃锋利(哈布林其其格 供图)

经过一天的血战,蒙古军伤亡惨重,架起抛石机、巨弩炮等攻城。次日清晨,蒙古军派重兵将撒马耳干各个城门口堵住,阻止花剌子模军队出城袭击。撒马耳干守军放出二十头战象在蒙古军中横冲直撞,蒙古骑兵被顶得人仰马翻。危急之时,有人提出火攻,火器的威力使象群惊恐不已,四散奔逃,蒙古军队乘机大获全胜。蒙古军连续几天攻城,终于打垮了撒马耳干守军。撒马耳干城内一些信仰伊斯兰教的首领前来拜见成吉思汗,与成吉思汗达成了不杀的协定。蒙古军进入撒马耳干。三万名工匠被挑选出来,作为奴隶分配给诸王、大臣和将领,数万名青壮年帮助蒙古军队攻打其他城市。

在此之前,得知成吉思汗要攻打撒马耳干,花剌子模算端吓得望风而逃。蒙古大军一到撒马耳干,成吉思汗就令哲别、速别额台、脱忽察儿各

蒙古兵用抛石机攻城（哈布林其其格 供图）

花剌子模算端利用战象向蒙古兵发动进攻（哈布林其其格 供图）

与敌人短兵相接时,蒙古兵三五一组,协同作战(哈布林其其格 供图)

率一万兵马,分头去追花剌子模算端。这一段,详见本书"先锋将军哲别、速别额台"之内容。

  1220年7月,成吉思汗令术赤、察合台、窝阔台统领右翼五万兵攻打乌尔根奇。该城防卫坚固,易守难攻,蒙古军在城周围安营扎寨。为了和平拿下乌尔根奇,术赤遣使劝市民投降,可这里的军民决不投降,抵抗到底。蒙古军准备攻城器械,填平围城的沟壑,向城内发动进攻。经过七天激烈战斗,花剌子模守军全军覆没,乌尔根奇被攻陷。

  至此,阿姆河、锡尔河之间的地区全部被蒙古军占领。

蒙古兵占据有利地形后,又派兵到城外抢掠羊群,引诱敌人出城追赶(哈布林其其格 供图)

弓箭和刀是蒙古士兵必不可少的两件武器(哈布林其其格 供图)

蒙古兵每攻破一座城，就遴选工匠及手艺人带回领地（哈布林其其格 供图）

◎ 追讨札兰丁

札兰丁是花剌子模算端的长子。花剌子模算端逃走后，颠沛流离地辗转各处，最后病死在路上。札兰丁遵循父亲的遗嘱返回乌尔根奇，花剌子模将领密谋杀害他。札兰丁得到这个消息后，抢在蒙古军包围乌尔根奇城之前逃出，又辗转到哥疾宁（今阿富汗加兹尼），结集六七万骑兵，准备抗击蒙古军，收复失地。

蒙古军攻城图（哈布林其其格 供图）

成吉思汗攻占撒马耳干之后，主力部队驻营休整。这年秋天，蒙古军攻占了忒耳迷城。

驻冬休整之后，成吉思汗率兵渡过阿姆河，又征服了塔里寒。

这一时期，札兰丁的军队突袭并消灭了成吉思汗的一支蒙古军队，又突袭了巴鲁安客额里（巴鲁安阔野，汉文文献多用八鲁湾川）。成吉思汗立即动身去截击札兰丁。路经古儿疾汪地方时，用了近一个月的时间才攻取。又从古儿疾汪出发，越过雪山，围打范延城（今巴米扬），双方交战十分激烈。在这次战斗中，察合台的儿子木秃干（又写作篾惕干）中箭而亡。成吉思汗愤怒异常，督军强攻。攻陷之后，将城夷为平地。

  此前，成吉思汗命失吉忽秃忽率军赴可不里（今阿富汗首都喀布尔），一方面留意札兰丁的动向，一方面从侧面保护成吉思汗大军。失吉忽秃忽到达目的地不久，得到札兰丁率领六七万人的军队突袭蒙古先锋军，立即动身迎战札兰丁军队，但因寡不敌众，被札兰丁军队打败，损失惨重。札兰丁撤军回到哥疾宁，随时准备渡过申河（今印度河）。

蒙古军军纪森严，严禁在战场上将伤员丢弃不管（哈布林其其格 供图）

蒙古军特别强调部队的机动性,在战场上尽量回避近身战,以远距离的包抄迂回、分进合击为主要战术(哈布林其其格 供图)

青铜火铳(哈布林其其格 供图)

据《蒙古秘史》记载,蒙古军的战鼓是用黑牤牛皮制作而成的(哈布林其其格 供图)

蒙古军常常上百里地大规模奔袭,敌人很难预料和防范他们的攻击(哈布林其其格 供图)

成吉思汗得到这个消息后,迅速赶到哥疾宁,可是札兰丁已在半个月前离开。成吉思汗率领蒙古大军继续追击札兰丁。当追至申河时,成吉思汗连夜紧急出动,在申河岸边把札兰丁为数不多的士兵层层围住。札兰丁发现无路可逃,跳进申河逃走。

成吉思汗派扎剌亦儿部巴剌统领一支军队追击札兰丁,其本人则率大军沿申河北上,一路清扫札兰丁残余势力。

蒙古人用骆驼套车或运送物资(哈布林其其格 供图)

1222年，成吉思汗大军在额客小河、格温小河附近的巴鲁安阔野驻夏休整。

成吉思汗占领花剌子模后，命长子术赤镇守，并在各城设置达鲁花赤。这年秋天，成吉思汗在行军途中会见了长春真人丘处机。

1222年冬，成吉思汗大军在申河上游附近的不牙迦秃儿山过冬。1223年春，成吉思汗准备返回蒙古大本营，当走到中途时，发现山路多险，很难前进，便原路返回，来到撒马尔干城东驻营。

移相哥射箭图

1224年春，成吉思汗踏上归程。蒙古大军来到额儿的失河源头一个叫不哈速赤忽的地方时，大摆筵宴，庆祝凯旋。合撒儿的次子移相哥在射箭比赛中射出了三百三十五步远的距离。为纪念此事，成吉思汗下令立碑，这便是后人所说的著名的"成吉思汗石碑"或"移相哥石碑"。此碑现收藏于俄罗斯圣彼得堡艾尔米塔什博物馆。

1225年初春，成吉思汗回到了位于土兀剌河畔黑森林的斡耳朵。

成吉思汗石碑（移相哥石碑）。1818年,俄罗斯一支考古队在额尔古纳河支流乌卢龙贵河上游乌儿墨儿河附近,发现一座回鹘蒙古文石碑。此碑无题识,不著年月,从内容推断,当立于1225年。因石碑以"成吉思汗"名字起首,学术界也称之为"成吉思汗石"

蒙古大军出征图（才·巴特尔 供图）

长春真人丘处机

时间：1219—1223 年

人物：成吉思汗、丘处机

成吉思汗为什么盛情邀请长春真人丘处机？为什么之前金朝和宋朝请丘处机出山，他都没有答应，而成吉思汗邀请就欣然应诏，且不远万里，不畏艰险，不顾一路鞍马劳顿，前去觐见？从丘处机来说，是因为他看出在当时，只有成吉思汗才能够完成统一，实现和平。而他的实际行动也证明，他不但聪睿贤达，而且具有远见卓识。这就从另一个角度说明了成吉思汗绝不是崇尚武力的一介武夫，而是一个招纳人才、具有战略眼光的政治家。

丘处机画像

◎ 长春真人

长春真人，本名丘处机。1148年出生，山东登州栖霞人。丘处机十九岁出家，次年拜至全真道祖师王重阳门下。王重阳为他取名处机，字通密，号长春子。丘处机潜心修道，刻苦钻研，具有很深的造诣，系道教

"全真七子"之一。后创立龙门派，是全真道传承的主要教派。

1216年、1219年，金朝皇帝、南宋皇帝先后下诏邀请丘处机，均被他拒绝。

◎ 应成吉思汗之诏西行

成吉思汗伐金的时候，就对丘处机有所耳闻。1219年，成吉思汗在西征花剌子模的路上，派属下刘仲禄、札八儿带上他的"诏书"和虎头金牌前去邀请丘处机出山。

七十二岁的丘处机接受了成吉思汗的邀请，带领十九名弟子，于1219年农历腊月十八日从山东莱阳出发。

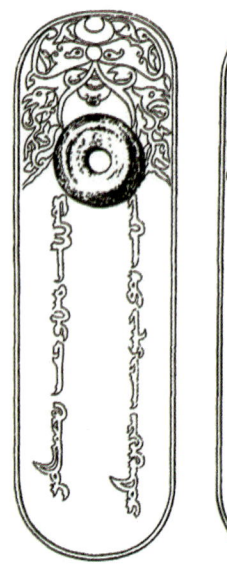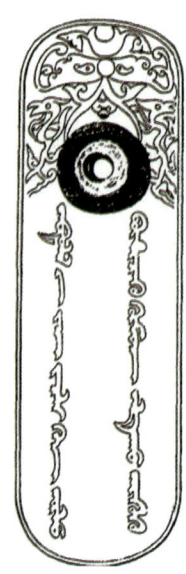

1848年出土于第聂伯河岸的金帐汗国时期的阿木都剌王令牌，上刻畏兀儿蒙古文

虎头图案的各种银质令牌

1220年2月,丘处机到达金中都。因年事已高,而远行之路万里迢迢,恐有不测,便写了一封书信约成吉思汗来中都见面。

而成吉思汗再一次下诏,表达了想尽快见到长春真人的愿望。1220年10月,成吉思汗幼弟帖木格斡惕赤斤(当时受成吉思汗委托留守监国)听说成吉思汗下诏召见长春真人,派人前往会见,请求长春真人西行时顺便到他的帐下一叙。1221年2月,丘处机从中都出发,4月抵达漠北草原成吉思汗的大营,见到帖木格斡惕赤斤。小住十几天后,他辞别帖木格斡惕赤斤,由此沿客鲁涟河,经土兀剌河、斡儿洹河、薛凉格河,横穿蒙古本土,于6月抵达额叠儿河(薛凉格河支流)畔成吉思汗妃子的斡耳朵。

1221年八月中旬,丘处机带领十名弟子,在二十多名蒙古骑兵的陪伴下继续西行,于11月来到撒马耳干。当时,成吉思汗正在征战前线,丘处

急递铺令牌,元朝时期的通行证。元代建立了以驿站为主体的马递网络和以急递铺为主体的步递网络,从而形成了规模庞大的驿路系统,沟通了中央和地方及地方之间的联系。驿站点星罗棋布,朝令夕至,除了迎送使臣、提供食宿与交通工具外,平时也兼送贡品、行李等少量货物,战时还承担军需给养的运输任务。急递铺网络专门传送官方文书

机在撒马耳干过了一个冬天。

成吉思汗听说丘处机已经来到撒马耳干，派特使表示感谢，又令孛斡而出领兵保护丘处机尽快前来相见。

1222年3月，丘处机在孛斡而出的护送下渡过阿姆河，4月初到达成吉思汗营地。

丘处机从中都到达成吉思汗的驻地，历时十四个月，行程万余里。丘处机随行弟子李志常所著《长春真人西游记》记载了长春真人西行的经过以及成吉思汗与长春道人的十二次谈话。

成吉思皇帝圣旨金牌。用于传达可汗命令、调兵遣将、部署战事等

◎ 觐见成吉思汗

1222年4月，成吉思汗在大雪山（今阿富汗兴都库什山）东南边巴鲁安阔野附近的斡耳朵里接见了丘处机。

成吉思汗直截了当地询问丘处机带来了什么长生药。丘处机说他只有强身健体之法，没有长生不老之药。

成吉思汗非常赞许丘处机的坦诚。

后来，成吉思汗在军务繁忙、日理万机的情况下，几次聆听丘处机讲道。

此时花剌子模仍然有人聚集作乱，成吉思汗准备亲征花剌子模，因听丘处机讲道，将此事推迟。后来，成吉思汗派五千名士兵护送丘处机返回撒马耳干。

1222年8月，丘处机再次从撒马耳干出发，第二次去拜见在大雪山的

1985年发现于内蒙古科尔沁右翼中旗的元代铜制夜巡牌。夜巡牌正面正中、左侧和右侧分别用八思巴文字、畏兀儿蒙古文、波斯文刻有"夜巡"字样;背面正中有汉文"元"字,外圈左右两侧分别用汉文、藏文刻有"天字拾贰号夜巡牌"字样。这是迄今为止发现的元代各种令牌中文字种类最多的令牌

成吉思汗。此后,成吉思汗几次在这里召师论道。

成吉思汗每次听丘处机讲道,都叫拖雷和其他近臣翻译,并要求耶律楚材、镇海二人把丘处机所讲的记下来,镇海用蒙古文记录,耶律楚材用汉文记录,以免日后遗忘。并要求将丘处机所说的话整理成书,以备日后学习。

丘处机随同成吉思汗东行,渡过锡尔河以后,以锡尔河渡桥被雷击断为例,援引中原地区"雷打不孝"之说,以仁孝思想劝说成吉思汗。成吉思汗令手下人用蒙古文记录下来,诏告蒙古臣民多讲孝道。

有一次,成吉思汗带几位侍从去狩猎,坐骑受到惊吓,把成吉思汗摔

> 虎头金令牌：成吉思汗时代，金制虎头令牌代表威严和崇高。除了虎头金令牌，还有金牌、银牌，其形状、大小与虎头金令牌相似，但正面没有图案，故也叫"光面金牌""光面银牌"。这种金牌也分纯金和镀金两种，上面文字也不一样，有汉文、畏兀儿蒙古文、八思巴文等。它的适用范围和等级也不同。

元代八思巴文金令牌。令牌是元朝时期通过驿站传递文书的特别通行证

在地上。丘处机前来探视，乘机向成吉思汗谏言禁止杀掠。

丘处机还多次劝导成吉思汗，治理天下应以"敬天爱民"为本，应该体恤民众疾苦，保护百姓生命。

成吉思汗与丘处机几次见面，丘处机几次向成吉思汗请辞，成吉思汗只好答应。1223年3月，丘处机辞别成吉思汗，踏上返回中原的路程，成吉思汗派属下率千骑护送。

1223年底，丘处机回到宣德府。1224年春，丘处机主持天长观。1227年，成吉思汗下诏将天长观改名为长春宫（今北京白云观），并赠"金虎牌"，以"道家事一切仰'神仙'处置"，即诏请丘处机掌管天下道教。

1227年，丘处机在长春宫去世，享年八十岁。

《长春真人西游记》

《长春真人西游记》共二卷,由丘处机弟子李志常(1193—1256年)所著。书中讲述了他随同丘处机从黄海之滨到达中亚大雪山(今阿富汗兴都库什山),觐见成吉思汗的经历以及沿途的所见所闻,是一部详细记录蒙古地区风土人情的纪实本,也是研究13世纪漠北、西域史地、全真教历史及蒙古历史不可多得的重要资料。它的成书时间是在1228年,写成之后,流传并不广,问世五百多年并没有引起人们的重视。直到清乾隆六十年(1795年),它被著名学者钱大昕从苏州元妙观《正统道藏》中发现并借抄出来,才逐渐为人所知,而引起学术界的广泛重视只是近二百多年的事。这之后,大学者阮元抄录一部献给清朝皇室。道光年间,著名学者徐松和程同文等曾对书中的地理、名物加以考订。本书较早的刊本是山西灵石杨尚文编辑的《连筠簃丛书》本。20世纪以来,随着西北舆地之学和元

北京白云观正门。丘处机拜见成吉思汗后一直住在这里

白云观内的丘处机塑像

史的兴起,有越来越多的学者开始研究这部行记,如丁谦撰《〈长春真人西游记〉地理考证》、沈垚撰《西游记金山以东释》、王国维作《〈长春真人西游记〉校注》、王汝棠写《〈长春真人西游记〉地理笺释》等,对此书进行了大量的注释和考证。张星烺编《中西交通史料汇编》也收录此书并做了考释。近三十年来,随着研究的深入,又涌现出一些新的成果,如著名地理学家陈正祥的《〈长春真人西游记〉选注》、杨建新主编的《古西行记选注》、纪流的《成吉思汗封赏长春真人之谜》等。

本书发现不久,就有外国学者将其翻译成俄文、法文、英文出版。

《元太祖成吉思皇帝召请长春真人丘处机圣旨》石碑（正面）

《元太祖成吉思皇帝召请长春真人丘处机圣旨》石碑（背面）

先锋将军哲别、速别额台

时间：1219—1224年
人物：哲别、速别额台

哲别、速别额台率兵三万，仅仅几年，行程万余里，席卷南斡罗思、钦察，经过几十次战役，征服了很多地区和部落，将不少城郭夷为平地。

◎ 哲别

哲别，原名只儿豁阿歹，蒙古别速惕部人，大蒙古国名将。他最初臣服于泰赤兀惕部，在阔亦田之战中曾射伤成吉思汗的脖颈，但他没有隐瞒此事坦诚相告，由此深得成吉思汗的信任。归降成吉思汗后，成吉思汗为其赐名哲别。哲别骁勇善战，屡建战功，成为成吉思汗"四獒"之一，1206年大蒙古国建立时，被封为第四十七个千户长。1211年，哲别随成吉

> 成吉思汗"四獒"：忽必来，大蒙古国名将，八鲁剌部人，以雄勇著称。1206年大蒙古国建立时，位列八十八个功臣之第八名，又被委任为千户长；者勒蔑，大蒙古国名将，兀良合惕部人，札儿赤兀歹之子。1206年大蒙古国建立时，被任命为千户长、十大功臣之一，享有九次犯罪不罚的特权；哲别，别速惕部人，大蒙古国名将，骁勇善战，由十户长升至千户长；速别额台，兀良合惕部人，大蒙古国名将，以骁勇善战著称，享有"把阿秃儿"（勇士）称号。1206年大蒙古国建立时，被委任为千户长。

思汗南下攻金,他统领先锋军一路攻城破寨,直抵中都。1218年,他率两万人灭西辽,斩古出鲁克。1219年,随成吉思汗西征。1223年,哲别在迦勒迦河(今卡利米乌斯河)之战中击溃斡罗思与钦察联军,班师途中病逝。

◎ 速别额台

速别额台,兀良合惕部人。速别额台祖上有个叫捏里必的人,有一天,捏里必在斡难河边打猎,遇见成吉思汗五世祖屯必乃薛禅,二人成为

蒙古骑兵打仗时奋不顾身,骁勇善战(哈布林其其格 供图)

213

安答。捏里必的儿子是孛忽都，孛忽都的儿子是合赤温，合赤温的儿子是哈班，哈班有两个儿子，长子叫忽鲁浑，次子便是速别额台。十四岁时，速别额台投奔铁木真。1189年，铁木真第一次被推举为蒙古可汗，速别额台承担管理、保护可汗家财、营舍的重任。速别额台全程参加了成吉思汗统一全蒙古的所有重要战斗，战功卓著，成为成吉思汗"四獒"之一，1206年大蒙古国建立时，在八十八名功臣中，速别额台名列第五十一位，被封为千户长。

1211年，成吉思汗大军南征伐金，漠北空虚，蔑儿乞惕部残余势力企图报复蒙古部。成吉思汗在客鲁涟河畔大斡耳朵举行忽里勒台，研究征讨蔑儿乞惕部，速别额台主动请缨，率军一路追击蔑儿乞惕部残余势力，一直追到垂河（今楚河）边上将其彻底消灭。

1219年，成吉思汗西征中亚，速别额台随术赤征战。攻取撒马耳干之后，速别额台又与哲别一道追击花剌子模算端。

1225年，速别额台随成吉思汗征西夏，1227年，成吉思汗逝世，速别额台等护送大汗灵柩北返。

帕米尔高原

蒙古骑兵远距离行军时,如遇后勤跟不上、断炊断粮等特殊情况,只能饮马血维持生命(哈布林其其格 供图)

1228年,窝阔台继位,速别额台升任蒙古军中主将,在拖雷麾下征战金国诸地区。1233年攻取金国汴京。1235年,窝阔台命拔都、贵由、蒙哥等第二次西征,速别额台被任命为先锋。

1246年,速别额台参加贵由汗登基大典之后,即回到土兀剌河自己的营地,直至1248年去世,享年七十三岁。后来的蒙古著名战将兀良合台是速别额台的长子。

蒙古兵行军打仗时,随身携带的除了帐篷、皮囊、锥子、针线,还有打猎用的布鲁、锤子和绳索等(哈布林其其格 供图)

蒙古军一旦发现敌人的薄弱环节,便出其不备、突然袭击,达到克敌制胜的目的(哈布林其其格 供图)

蒙古兵配有两种弓箭,一种用于远射,一种用于近距离射击(哈布林其其格 供图)

◎ 西征先锋

1219年,成吉思汗做好了西征中亚的准备。大军出发之前,成吉思汗令当时在蒙古西部边境的哲别、速别额台、脱忽察儿先期绕到花剌子模境外等候,待大军到达之后再合力攻打。

从蒙古西部边境进入中亚,只有一条路。要从那里去锡尔河,必须经过一片寸草不长的戈壁滩,几万大军很难从这里通过。哲别此前攻取哈剌

蒙古兵的枪分长枪、短枪两种,枪尖锋利无比,能穿透敌人的重甲(哈布林其其格 供图)

蒙古军发动进攻时，一般是侦察轻骑兵打头阵，快箭手紧随其后，后则边是全副武装的重甲骑兵（哈布林其其格 供图）

契丹时发现了从东面进入花剌子模的一条捷径，遂又选择了这条路。哲别率领三万人的军队，攀雪峰，踏积雪，历尽艰辛，来到了费尔干纳盆地。花剌子模算端获悉蒙古军队来临的消息，立即率领精锐部队出发，企图一举歼灭疲惫不堪的蒙古军队。蒙古军在十分不利的情况下，与敌人激烈到深夜，双方各自收兵。

哲别清楚蒙古先锋队不能恋战，当晚，他点起很多堆火，做出宿营的假象，自己却率军连夜转移。等花剌子模算端发现时，蒙古军已经走出很远了。花剌子模算端不敢轻易追赶，退回撒马耳干。他进一步明白成吉思汗的军队不是等闲之辈，必须处处小心谨慎。于是派出各路探子，四处打探成吉思汗大军的动静。

◎ 追击花剌子模算端

当蒙古大军侵入花剌子模边境,花剌子模算端一开始还加固城防,做迎战准备,但蒙古军来势凶猛,花剌子模算端弃撒马耳干城,仓皇而逃。其近臣和儿子札兰丁建议全力保护呼罗珊(今伊朗东北部的霍腊散)地区,加强阿姆河防线,抵抗蒙古军的进攻。花剌子模算端不听这些积极建议,反而逃往哥疾宁,后来又逃到你沙不儿城(今伊朗东北部的尼沙普尔)。这时,蒙古大军已经向呼罗珊杀来,花剌子模算端迅速逃离。

哲别、速别额台大军渡过阿姆河,攻取剌夷城,继续追击花剌子模算

有的时候,蒙古骑兵需下马迎战(哈布林其其格 供图)

端。花剌子模算端一路逃到宽田吉思海（今里海）中一个孤岛上，于1221年病死。临死前，他把王位传给札兰丁·明布尔努，札兰丁成为花剌子模末代算端。

◎ 哲别、速别额台的远征

哲别、速别额台、脱忽察儿把花剌子模算端撵到宽田吉思海的孤岛上之后，再从西边绕道，进军阿哲尔拜占（今阿塞拜疆）。年老昏庸的阿哲

蒙古军作战有各种信号。白天依靠旗语，夜间靠松木火把发出信号，进攻时靠鼓乐（哈布林其其格 供图）

221

尔拜占君主赶紧遣使前来求和，并送来很多金银和牛马。哲别、速别额台改向谷儿只（今格鲁吉亚）进攻。

冬天，谷儿只天气寒冷，冰雪堵路。在穆甘平原驻冬的蒙古军突然攻入谷儿只境内，把当地的一万多兵士消灭了一大半。

进军太和岭（今高加索山脉）北部时，道路的两侧，一边是海，一边是高山峻岭，难以通行，速别额台采取凿石开道的办法，越过太和岭。

1222年，蒙古军到达阿兰人居住的地区，遭到阿兰和钦察联军的迎击。为削弱对方的实力，哲别等以赠送金钱财物的方法及同族的说法，离间钦察人与阿兰人的关系。钦察人信以为真，撤回，蒙古军占领了太和岭北部一带。

钦察人从钦察草原逃奔斡罗思救援。斡罗思加里奇大公出面邀请乞瓦（今乌克兰基辅）大公等，联合起来共同抵抗蒙古军。

速别额台派使者到乞瓦，表示蒙古没有进犯斡罗思的意图，只是讨伐

成吉思汗明令不得贪图或私分战利品，要待战争结束后论功行赏，统一分配。战后，有人专门负责把战利品集中起来（哈布林其其格 供图）

战鼓响起,蒙古兵向敌人发动进攻(哈布林其其格 供图)

当时,蒙古人的车辆制造技术已相当成熟,勒勒车一车多用,平时用于搬运物资等,战时则运输军队辎重等。此外还有套着几十条牛的大型行帐车,可做可汗的斡耳朵(哈布林其其格 供图)

钦察人，劝说他们不要出兵援助。斡罗思大公拒绝劝说，杀死蒙古使者，命军队东进，歼灭了蒙古的千人先头部队。速别额台采取诱敌深入的策略，将军队退出近二十天的路程，把斡罗思和钦察八万军队引到迦勒迦河东岸。经过七天的战斗，斡罗思和钦察军全部被歼灭。

  1223年底或1224年初，蒙古军侵入不里阿耳，遭到不里阿耳军队的阻击。蒙古军全歼了不里阿耳军队，不里阿耳臣服于蒙古，成为术赤封地的外藩。接着，蒙古军降伏了乌拉尔地区的康里人。至此，哲别和速别额台的征战画上了句号。不久，屡建战功的哲别病死于康里境内。1224年，速别额台奉成吉思汗之命率军东行，在蒙古西部地区与成吉思汗的大军会师。

第三部 伟大功业的继承者

窝阔台被封为大汗

时间：1186—1241 年

人物：窝阔台汗、拔都

据说，有一天，成吉思汗把黄金家族的子孙召集在一起，给他们讲述了一个一头蛇和多头蛇的故事：在一个寒冷的夜晚，有一条多头蛇想钻进岩洞御寒。可这条多头蛇的每一个头都想先进洞，而洞口比较狭窄，只能容纳一个头先进去，于是各个头你争我夺，各不相让，最后这条多头蛇无法钻进洞里，被冻死在洞外。而另一条长着一个头多条长尾巴的蛇，头先进入洞里，给尾巴和肢体

窝阔台画像

找好安顿之地，从而度过了严冬。成吉思汗说，我死后，如果你们为争夺汗位自相残杀，必将会落得和多头蛇一样的结局，成为别人的囊中之物；如果你们拥戴你们当中的某一个人为汗，大家齐心协力，服其决策，就会像一头多尾的蛇一样，无所不成。

◎ 窝阔台

窝阔台是成吉思汗的夫人孛儿帖所生的第三个儿子。他自幼生长在兵戈相见、战乱不休的环境里，很小就开始骑马射箭，在马背上度过了少年时光。后来，他跟随父亲四处征伐，经过多次战争的洗礼，成长为一位骁勇善战、足智多谋的勇将。成吉思汗生前指定窝阔台为汗位继承人。

1225年，成吉思汗将额儿的失河上游和巴尔喀什湖以东一带封给窝阔台，建斡耳朵于也迷里（今新疆额敏县一带）。1229年，窝阔台通过忽里勒台登上汗位。他按照成吉思汗生前的规划灭金伐宋，并派拔都远征欧洲。同时，他任用契丹人耶律楚材为中书令，逐步实施"以儒治国"，制定礼制，重用儒臣，保护农业，实行赋税制度，禁止掠民为奴，实行编户制度等，健全了蒙古的法律制度和政治制度，为大蒙古国的发展和元朝的建立奠定了基础。

作为大蒙古国第二任大汗，自1230年至1234年，窝阔台三次举兵伐金，最后将其灭亡。他组织蒙古大军第二次西征，于1236年派出以拔都、速别额台为首的远征军，一直打到欧洲中部。

成吉思汗下令，所管辖的属民一遇紧急情况，不论白天黑夜，必须立即派骑兵报告（哈布林其其格供图）

1241年11月，窝阔台汗去世，享年五十六岁，在位十三年。

◎ 成为汗位继承人

1219年，成吉思汗决定征讨花剌子模。出征之前，也遂夫人向成吉思汗进言道：

"可汗您，
越过万重高山，
渡过千条河水，
率军出征远行，
只想平定诸国。
但有生之物皆无常，
如果您伟岸的身躯突然倾倒，
您那些百姓交与谁掌管呢？
如果您高大的身躯突然倾倒，
您那家园交与谁掌握呢？
您的四个儿子中，谁能继承您之位？这事应让您的儿子、您的弟弟、众民和后妃们知道。今奏上所思之事，请大汗降旨。"

蒙古马鞍（哈布林其其格 供图）

成吉思汗说："也遂虽是妃子，但说得很对。我的弟弟、儿子及孛斡而出、木华黎谁也没向我说过这样的话。因为我不是继承祖先的汗位，竟没有想到确定继位人这事。我还没有遭遇死亡，就忘了老死这件事。"接着，成吉思汗问道："术赤，你是我的长子，你有何想法？说说看。"术赤还没开口，察合台抢先说："父亲让术赤先说话，莫不是要传位给他？他是蔑儿乞惕的野种，我们怎么能受他管治？"术赤一下子站起来，一把抓住察合台的衣领道："父汗都没有这样说过我，你怎么能把我当作外人？你哪一点比我强？只不过脾气比我暴躁而已。咱俩去比赛射箭，我如果输给你，就剁掉我的大拇指。咱俩去比赛摔跤，我如果败给你，就倒在地上不再起来。请父汗裁断。"二人揪着对方的衣领互不相让，字斡而出、木华黎急忙上前拽开二人。成吉思汗没说话，只是默默地看着。这时，站在旁边的阔阔搠思开口道："察合台，你为何如此急躁？在诸子中，你父汗本来是很看重你的，你怎能说出这样不堪入耳的话，使你贤明的母亲寒心？你们同样出自她温暖的腹中，是一母同胞的兄弟。你不能责怪热爱你的母亲，使她伤心，你不能抱怨你的母亲，指责让她悔恨的事。你们母亲的心明如日月、宽若大海呀！"

这时，成吉思汗道："察合台，你怎么可以这样说术赤呢？术赤不是我的长子吗？以后不许说这样的话！"察合台听了，笑了笑说："术赤的勇气、本领是不用多说的。

父汗的诸子中，

术赤我俩是年长二子，

我俩愿同心协力，

一起为父亲效力。

如果有人躲避，

就把他劈开，

若是有人落后，

就击碎他的脚后跟。

在我们兄弟当中，窝阔台最敦厚，可推举他为汗位的继承者。"听了察合台的话，成吉思汗问术赤："术赤，说说你的想法。"术赤答道："我赞同察合台的意见，愿和察合台一起为父汗效力，可推窝阔台为汗位继承者。"成吉思汗说："你俩何必一起效力？天地广阔，河海无边，可以分封给你们辽阔的地域，各自去镇守。术赤、察合台，你们二人要履行诺言，不要闹出让天下人耻笑的事来。从前阿勒坛、忽察儿不是也立过这样的誓言吗？但是，因为未能实践诺言而受到了什么样的惩处，你们是清楚的。现在我把阿勒坛、忽察儿的子孙分给你们，希望你们引以为戒！"成吉思汗又对窝阔台说："窝阔台，说说你的想法。"窝阔台道："父汗开恩要我说话,我不知怎么说,我能说不行吗?就尽力去做吧!但是,如果今后我的子孙中出了裹上饲草牛也不吃、裹上油脂狗也不食的不肖子孙,出了麋鹿敢在他面前穿越、老鼠敢跟在他后面走的无能之徒,那该怎么办?我心里想的便是这些,别无他言。"听了窝阔台的话,成吉思汗说:"窝阔台说得对。拖雷还有什么话要说?"拖雷说道:"我愿留在父汗指定的哥哥身边,

  提醒他所忘之事,
  叫醒睡梦中的他。
  做应声的伴随者,
  做他策马的长鞭。
  愿为他长途出征,
  愿为他近战厮杀。"

成吉思汗听了很满意,降旨道:"合撒儿的子孙让一个人继承,阿勒赤歹、斡惕赤斤、别勒古台的子孙让一个人继承,我的子孙让一个人继承。这样,只要不违背我的旨意,不毁掉我的诏令,你们就不会有失误。如果窝阔台的子孙确实成了裹上饲草而牛不吃、裹上油脂而狗不食的不肖子孙,难道我的家族中还出不了一个好的吗?"

拖雷与唆鲁禾帖尼夫人图(哈布林其其格 供图)

◎ 窝阔台被封为大汗

1226年，成吉思汗指责西夏主违约，再次亲征西夏。第二年，西夏主李睍撑不住，遣使求降。成吉思汗击溃西夏军主力之后，将兵锋转向金朝。他率军渡过黄河，继续征战。之后，成吉思汗在六盘山的斡耳朵里去世。临死前，成吉思汗再次把诸子召到身边，要他们团结一致，服从窝阔台的领导。

按照蒙古传统习惯，被前任大汗指定的继承者，必须在黄金家族成员及功臣们参加的忽里勒台上，经过选举之后，才能正式继位。成吉思汗去世后，汗位空缺两年，在此期间，一直由拖雷主理国事。

1228年，以察合台、拔都为首的右翼宗王，以帖木格斡惕赤斤、也古、移相哥为首的左翼宗王，以拖雷为首的本部宗王，以及众万户长、千户长齐聚于客鲁涟河畔阔迭兀阿剌勒地方举行忽里勒台，推选新大汗。由于拖雷一直主理国事，拥有名望和权力，许多人主张立拖雷为大汗。但拖雷遵循父汗旨意，拥立窝阔台为大汗。

最后，窝阔台在哥哥察合台和叔父帖木格斡惕赤斤的导引下，正式登上大汗宝座。察合台和拖雷将一千名宿卫、一千名箭筒士、八千

窝阔台登上大汗宝座图（哈布林其其格 供图）

蒙古人传统的弓一般为木质,两端嵌牛角,弓背为半圆形,中间渐渐内收成圆握柄,绷以牛筋弓弦(哈布林其其格 供图)

蒙古侦察兵灵活机动、反应迅速,平时侦察敌情、传达命令,战时承担先锋军重任(哈布林其其格 供图)

名侍卫交给窝阔台，本部百姓也全部交给了他。

窝阔台登上汗位以后，即与拖雷遵照成吉思汗遗愿，带领蒙古军伐金。

◎ 征讨南宋

960年，北周大将军赵匡胤发动陈桥兵变，取代后周，建立宋朝，定都东京（今河南开封），史称北宋。1125年，金兵驱兵南下，进攻北宋。1127年，金兵俘虏了宋徽宗、宋钦宗及贵妃、皇族、大臣三千多人，北宋灭亡。宋钦宗之弟赵构在应天府（今河南商丘）称帝，史称南宋。

1234年，蒙古联宋灭金，根据原先的约定，淮河以南归宋，淮河以北归蒙古。之后，成吉思汗委派速别额台留守河南之地，蒙古军主力北撤。南宋赵奎进谏说，这是出兵收复中原的极好机会，宋理宗下令出兵收复河南各地。速别额台率蒙古军予以迎头痛击。

马面具

（哈布林其其格 供图）

1235年7月，窝阔台汗以南宋违约为名，派遣蒙古大军兵分三路，征讨南宋。

窝阔台汗出兵南宋的主要目的在于削弱南宋的实力，所以蒙古军没有固守所攻占之地，不久便弃之而去。征讨南宋的蒙古军班师回朝之后，窝阔台汗遣使赴南宋劝降，双方于1241年议和。

◎ 出兵高丽

高丽，又称高丽王朝，由王建所建，定都开京（今朝鲜开城）。成吉思汗时期，蒙古与高丽就有联系。高丽虽然与金比邻而居，但高丽每年向金奉贡。1211年至1217年间，成吉思汗征金并占领辽东之地，以金山为首的契丹残余流窜进入高丽境内，占领高丽江东城。1218年，成吉思汗派哈真为统帅，扎剌亦儿部歹·豁尔赤为副帅，率领十万大军追击契丹叛军进入高丽，高丽王派军协助，并向蒙古军提供粮草。1219年春，江东城守敌投降，哈真撤军返回。

蒙古骑兵分为重甲骑兵和轻甲骑兵（哈布林其其格 供图）

1225年，蒙古要求高丽向其纳贡，高丽回绝。蒙古使者抵达高丽边境，被高丽杀害。蒙古本欲兴师问罪，但由于大军西征，成吉思汗又在征讨西夏途中去世，便没有立即对高丽展开报复。

窝阔台登上汗位以后，以高丽杀死蒙古使者为由，于1231年讨伐高丽。蒙古军侵入高丽后，先后攻取四十余座城，直逼高丽王城。高丽王乞降，蒙古军队索取巨额财物后退军，仍间接控制高丽。1232年，高丽王反抗，杀死蒙古所置达鲁花赤数十人，窝阔台第二次讨伐高丽，高丽王向窝阔台上书请罪。1233年，高丽王占据江华岛，不肯朝觐，派兵攻陷已归附蒙古的西京等处，为此，窝阔台决定第三次讨伐高丽。

1235年，窝阔台汗命大将唐古率蒙古军再征高丽，高丽无法抵挡蒙古大军，于1238年向蒙古请和。1240年，蒙古派兵攻克昌州、朔州等地。1241年，高丽又臣服于蒙古。

蒙古军队纪律严明，要求严格，战前要进行仔细检查（哈布林其其格 供图）

◎ 长子军西征

1234年,绰儿马罕完全清剿了花剌子模的残余势力,札兰丁兵败而逃,途中被其他部落的人杀死。同时,阔阔出大军到达钦察、孛剌儿,遭到了钦察各部的强烈抵抗。这些状况使得窝阔台组织了"长子军西征"。

1235年,窝阔台召开忽里勒台,决定征讨钦察、斡罗思等未归服的地区。他采纳察合台的建议,命各宗室均以长子统率出征军。最后决定由成吉思汗四个儿子的长子和长孙,即术赤的长子斡儿答和次子拔都、五子昔

蒙古骑兵急行军时可以两天两夜不下马背,就在马背上吃喝,只有在战马吃草的时候,士兵才能在马背上打个盹儿(哈布林其其格 供图)

班、六子唐兀惕，察合台的次子拜答儿和长孙不里，窝阔台的长子贵由、六子合丹及窝阔台庶弟阔列坚，拖雷的长子蒙哥及八子拔绰等人各统其兵出征，以拔都为统帅，老将速别额台为先锋，万户、千户、百户等各级贵族的长子也从征。历史上把这次西征称为"长子军西征"。1236年，西征军进入欧洲，在位于不里阿耳边境的拔都斡耳朵会师，全军十五万人。

拔都一声令下，蒙古军首先向不里阿耳和钦察发起进攻。1236年冬，以速别额台为先锋的蒙古军攻破不里阿耳。1236年冬至1237年春，蒙古军征伐钦察。征伐钦察的战争进行得异常艰难，部分钦察人依仗凶险地势，不时对蒙古军进行突然袭击，给蒙古军造成了很大损失。蒙古军沿水陆两路步步进攻，最终在宽田吉思海附近的一个小岛上消灭了这些钦察人。

拔都扫平不里阿耳、钦察之后，1237年又开始了征服斡罗思的行动。在此期间，窝阔台汗庶弟阔列坚负伤而死。1238年初，蒙古军围打莫斯科，仅用五天便攻下。接着又连破了十余座城。之后，拔都军回到钦察草原上的斡耳朵驻夏，休整兵马。当年秋天，蒙古军分兵几路向斡罗思发起进攻，先后攻破数城，占领了斡罗思全境。

蒙古兵"平时像绵羊一样，战时像猛虎一般；平时像牛犊一样，打仗时像狮子一样"（哈布林其其格 供图）

蒙古兵从战场上归来就参加牧业劳动,或制造车辆、加工皮张、制造弓箭等(哈布林其其格 供图)

被蒙古军打败的钦察部首领库滩汗等带领属民逃往孛烈儿(今波兰)和马札尔(今匈牙利),拔都亲率十余万军马向马札尔进发。1241年春,蒙古军分兵三路侵入东欧腹地。察合台之子拜答儿率领手下蒙古军首先进攻孛烈儿。孛烈儿国王及贵族们逃往马札尔。拜答儿军直奔西里西亚都城。西里西亚大公率兵与蒙古军作战,大败。

马札尔国王贝拉(又写作别剌)四世得知蒙古军出现于马札尔边境,下令修筑工事,以阻拦蒙古军进攻。拔都、速别额台率领的蒙古军攻入马札尔境内,贝拉四世率领大军迎战蒙古军。蒙古军佯装败逃,又趁夜色突袭,打得马札尔军措手不及,贝拉四世逃亡。蒙古军乘胜前进。

蒙古各路军汇聚于马札尔草原,准备继续进攻。1242年春,突然传来

蒙古兵常常采取佯败而逃、突然杀"回马枪"的策略,使得追兵措手不及(哈布林其其格 供图)

窝阔台汗驾崩的消息,拔都急忙挥师东返。

◎ 窝阔台汗派绰儿马罕西征

成吉思汗征服花剌子模之后,听取牙老瓦赤、马思忽惕的建议,对河中地区进行了恢复治理。在阿姆河以南地区,成吉思汗令诸子各留一部分军队驻守。由于蒙古人数不多,无力控制此地,导致一片混乱。呼罗珊地区在战争中受害最严重,更无法收拾。窝阔台继位时,骚乱尚未平息,又发生了札兰丁的复仇活动。

札兰丁逃走后,重新组织了万余人的武装力量,图谋复兴。但他一方面遭到蒙古军的追击,一方面又遭到当地民众的反对,因而没能建立牢固的根据地。此时,札兰丁的兄弟该牙思丁虽自立为算端,但大部分军队依然拥护札兰丁,希望他能回到本土以图振兴。1224年,札兰丁到达伊朗西

内蒙古达尔罕茂明安联合旗大苏吉乡出土的元代汪古惕部贵族穿的长袍。这件长袍左衽式,下摆和袖口绣有花卉图案。保存完好,可以展开、折叠,属珍贵的丝织品

北部的刺夷,其弟弟该牙思丁让位于札兰丁。1225年,札兰丁占领了阿哲儿拜占(今阿塞拜疆)帖必力思。之后,札兰丁进行了一系列攻掠。

窝阔台继位后,令绰儿马罕率蒙古军去往波斯,整顿社会秩序,征讨札兰丁。据拉施特《史集》和志费尼《世界征服者史》记载,绰儿马罕首先来到呼罗珊,对叛逆者进行镇压,反而使呼罗珊陷入骚乱。绰儿马罕又派成帖木儿和怯勒孛剌前去镇压,窝阔台任命成帖木儿为呼罗珊和马赞达兰地区总管。

绰儿马罕于1230年末抵达阿哲儿拜占,札兰丁惊慌失措,于当日半夜蒙古军袭来时独自逃入木干草原。其后,他一直东躲西窜,最后在迪牙别乞儿(今土耳其东部)的山中被当地的农夫杀死。绰儿马罕率军继续进攻,到达底格里斯河两岸。因军兵无法适应当地的炎热气候,又转向高加索山南地区,进攻亚美尼亚和小亚细亚。1240年,亚美尼亚国王到蒙古都城哈剌和林拜谒窝阔台汗,窝阔台命其仍统领故地。1241年,绰儿马罕去世,拜住继任其职。第二年,蒙古军攻下今土耳其中部的西瓦斯城,塞尔柱突厥王朝向蒙古军求和,叙利亚北部的阿勒坡亦求和纳贡。之后,蒙古军开始向报达(今巴格达)进袭,报达哈里发木思丹昔儿·必剌黑召集贵族和平民誓死抵抗,蒙古军败退。

蒙古士兵作战中(哈布林其其格 供图)

蒙古骑兵聚散不定,变化多端(哈布林其其格 供图)

◎ 窝阔台汗的政策

一、巩固和发展蒙古汗国

窝阔台登上汗位以后,首先颁布了严格执行成吉思汗《大札撒》的命令,并补充了若干新内容,使之更加完善。在军事方面,他按照成吉思汗的命令,进一步加强了怯薛军制度,分工及任务进一步明确。

蒙古军出征途中
(哈布林其其格 供图)

窝阔台非常重视政权建设。1231年设立中书省，窝阔台任命耶律楚材为中书令，这标志着蒙古政权的最高行政机构从内廷初步分立出来，军政合一制开始发生变化。

为加快经济发展步伐，窝阔台加强了对草牧场的管理。每千户指派一名人员管理草牧场，还在戈壁干旱地区勘察选址，在无水草原上挖井，解决人畜饮水问题，扩大可利用草场面积，供牧民居住。

为了整顿和理顺蒙古的税收，窝阔台制定了"百分抽一"的畜牧税制

蒙古男子必须服兵役。不能直接参战的，要在后方训练马匹、制作军械（哈布林其其格 供图）

度，也是最早的法定赋税制度。窝阔台令所有千户轮流向他贡奉牝马和萨拉沁（挤奶人）、阿都沁（牧马人），每年轮换一次，在这年内负责牧马、挤马乳、制作马奶酒，供大汗和诸王聚会时饮用。除"抽分"以外，牧民还要向领主提供使用的羊，叫"汤羊"制度，规定牧民羊群里可每年只出一只羯羊；为扶助无畜牧民，每百只羊征收一只三岁母羊，等等。

此外，窝阔台还为诸王、贵族聚会颁发赏赐，置仓廪，对金帛器械统

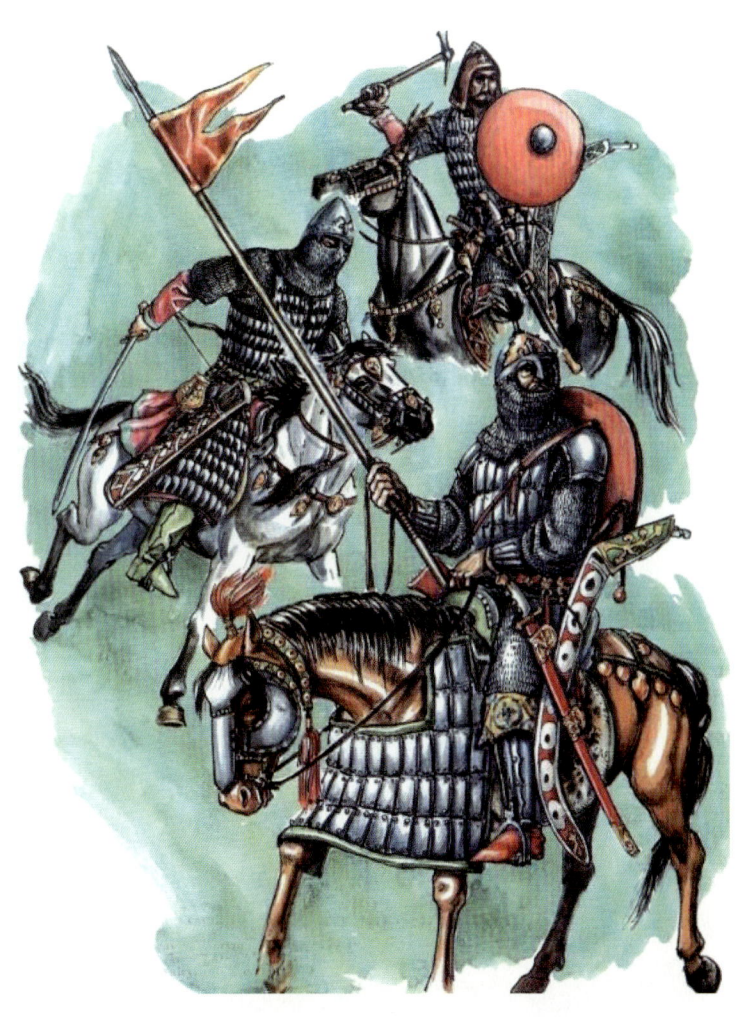

马是蒙古军远征作战的重要工具（哈布林其其格 供图）

一予以保管。

在耶律楚材的建议下,窝阔台汗同意在中原地区维持原来的农业手工业生产,征收地税、商税以及酒醋盐铁等税。1230年,耶律楚材奏立十路课税所,正副使都委派儒生担任,窝阔台汗奏准。第二年秋天,耶律楚材共征收银五十万两、绢八万匹、粟四十万石。窝阔台大喜,当天便将中书省印授给耶律楚材,让他负责黄河以北的政事和汉民的赋调。窝阔台还在汉人中设置了万户、千户,使得蒙古在灭金战争中有了兵力和财力的支持。

为了便利使臣往来、物资调运、信息传递,窝阔台汗在全国范围内实行"站赤"(驿传)制度,也称乌拉制(驿站服役)。各交通要道上都设立"站赤",每个"站赤"安置驿站户二十个,驿站户所需马匹、肉用羊、挤奶的骒马、役牛以及车辆,均由各千户负责承担。为了规范管理驿站,窝

哈剌和林万安宫遗址。元朝时期,除了哈剌和林,还有元大都(今北京)、元上都(位于今内蒙古锡林郭勒盟正蓝旗)、元中都(今河北省张北县城北部),共四个都城,如今都以"遗址"的面目出现在人们面前

阔台汗专门制作特殊通行证，没有通行证不予接待，并对接待标准做了具体规定，对超标准者予以严惩。后来，根据窝阔台汗的命令，驿传一直延长至察合台汗国和拔都所建的汗国。

1235年，窝阔台命汉族工匠于斡儿洹河岸建筑都城，以哈剌和林为城名。都城南北约四里，东西约二里，大汗所居的万安宫（土门阿姆古朗图斡耳朵）在其西南处，有宫墙环绕。宫墙呈不规则方形，周约二里。据1254年到哈剌和林访问的法国使臣卢布鲁克记载，哈剌和林城内有两个居民区，一为回回区，内有市场；一为汉人区，居民尽是工匠。此外，还有许多官员邸宅以及十二座佛寺、道观，两座清真寺，一座基督教堂。都城有四座城门，每座城门旁边设有集市，东城门集市买卖谷物，西城门集市买卖绵羊和山羊，南城门集市买卖公牛和车辆，北城门集市买卖马匹。由于蒙古的强盛，各国国王、使臣、教士、商人来访者甚多，哈剌和林是当时一个四通八达的重要都市。

1235年，窝阔台建都哈剌和林。故址即今蒙古国中部鄂尔浑河上游的哈剌和林遗址

哈剌和林遗址内装水的石器。背景为额尔德尼召,是位于蒙古国哈剌和林的一座藏传佛教寺院。该庙建于1586年,17世纪80年代被毁,后来两次重建,建筑材料取自哈剌和林遗址。该庙周围建有一百零八座白色佛塔,蔚为壮观。鼎盛时期,额尔德尼召曾有六十二座殿堂

哈剌和林万安宫示意图

二、治理中原

窝阔台即汗位之后,非常重视对中原地区的治理。他在中央建立中书省,在全国各地设立中书行省,下设路、府、州、县等行政机构,加以统治。1234年,窝阔台在中都设置燕京行台,任命失吉忽秃忽为行台最高长官,"主治汉民",管理户口、赋税、刑法诸事。1241年,命牙老瓦赤"主管汉民公事",任断事官。

为防备中原地区反抗,1236年,窝阔台汗命探马赤军五部将领分镇中原。

在耶律楚材的劝谏下,窝阔台开始注意保存人口。1235年,窝阔台下诏,由失吉忽秃忽主持扩编中原户口。窝阔台听取耶律楚材的建议,按中

哈剌和林一山坳处有一个地方形似女性阴户,其对面是男性生殖器石雕,反映了古时人们的生殖崇拜

249

哈剌和林遗址

哈剌和林遗址内的石龟

元朝时期建筑物上的雨水排泄口造型

元代带有荷花图案的青花瓷坛

蒙古贵族图（哈布林其其格 供图）

原传统，以户为户，按户定赋，还保留了中原的郡县制度。在扩户的基础上，窝阔台让耶律楚材主持制定了中原赋役制度。此外还制定了杂泛差役，这种较轻的赋税定额对已遭严重破坏的中原地区的休养生息是有利的（详见本书"治天下匠——耶律楚材"之内容）。

三、对西域的统治

中亚河中地区是察合台的封地，窝阔台命牙老瓦赤前去主持西域财赋，并承担监督职责。

1241年，窝阔台汗将牙老瓦赤调到中原，任命他为断事官。

呼罗珊被征服后，窝阔台任命成帖木儿为该地区长官，拥有任免权。成帖木儿命花剌子模的沙剌法丁为宰相，阿老丁·阿塔蔑力克·志费尼（《世界征服者史》之作者）为财政大臣，各宗王派一名"书记官"为其他异密（职务之一，本意为"侍卫""随从"等）。至此，呼罗珊等地直接隶属蒙古中央朝廷的管辖。成帖木儿死后，窝阔台命克烈惕人诺撒耳为该地区长官，后又命畏兀儿人阔儿吉思接替其职。

富有才学的阔儿吉思忠实执行窝阔台的命令，使呼罗珊各地的秩序恢复正常，财产得到保护。随后，窝阔台又将阿姆河以西诸州委付给阔儿古思统辖，阔儿吉思对这一地区实行了有效的管理，抵制了妄图分治的势力。在阔儿吉思管辖时期，除了今伊朗地区以外，以也里为中心的今阿富汗地区也属于他的管辖范围。阔儿吉思还派自己的儿子到阿哲儿拜占等地实行统治，使这些地区也置于蒙古中央朝廷直接管辖之下。

◎ 窝阔台汗的自我评价

1228年，窝阔台对自己继承汗位以来的所作所为及功过是非进行了一番反思。他说坐上汗位之后，他做过四件好事，也有四个过错。四件好事是：第一，灭掉金朝，入主中原；第二，设置驿站，通达四方；第三，在旱地掘水井，使百姓得到水和草；第四，派军队在各个城池镇守，使百姓能够安居乐业。四个过错是：第一，沉湎于酒；第二，强夺美色；第三，误杀了为父汗效力的多豁勒忽；第四，拦堵天地所生野兽。

窝阔台在位期间，在政治、经济、文化等各方面进行了一系列改革：设立朝仪，制定诸王拜见大汗的礼制，提高大汗的权威；建中书省，任命耶律楚材为中书令；制定赋税制度，建十路课税使；修订颁行《大札撒》；设编修所、经籍所，编写经史，保存典籍。在蒙古地区确立"百分取一"的赋税制度；建哈剌和林城，建造万安宫；派人探察荒原戈壁，掘井取水，以供牧民驻牧；设置驿站，使四方人士方便往来。在他统治时期，蒙古社会在各方面有了很大的发展。

窝阔台是个性情复杂的人物。他仁爱好施,常常大度地赏赐财物,他的宫廷几乎成了普天下的庇护所和避难地。他慷慨大方,常常不经核查就将财物散发一空。许多蒙古贵族宗亲劝他不要大量散财,应该多给子孙留下一些,他却说财富既不能保证我们不死,而我们死后又不能再生,聚敛钱财又有什么好处,还不如把财富寄放到需要的地方。

> 行中书省：意为"行动的中书省"，即元朝政府为维护其统治而在地方行政上设置的全权机关，在当时主要作为军事管理机构，掌管所辖地区内的钱粮、兵甲、屯种、漕运及其他军政事务。

在杭州飞来峰诸洞穴及沿溪间的峭壁上，雕刻着四百七十多尊石造像，其中保留了一百多尊元代造像

位于内蒙古自治区锡林郭勒盟正蓝旗的元上都遗址,曾是元朝的都城。城址布局分为宫城、皇城、外城,南临上都河,北依龙岗山,周围是广阔的金莲川草原,形成了以宫殿遗址为中心,呈分层、放射状分布,既有土木结构为主的宫殿、庙宇建筑群,又有游牧民族传统的蒙古包式建筑的总体规划形式

元上都遗址

治天下匠——耶律楚材

时间： 1190—1244 年
人物： 耶律楚材

成吉思汗率蒙古军攻占燕京时，听说耶律楚材才华横溢、满腹经纶，便向他询问治国大计。而耶律楚材对金失去信心，投至成吉思汗帐下。他的到来对成吉思汗及其子孙产生了重要影响，他制定的各种措施为元朝的建立奠定了基础。

成吉思汗西征花剌子模时，将耶律楚材带在身边。当时，西夏人常八斤因善于制造弓箭得到成吉思汗的赏

耶律楚材画像

识，常八斤轻视耶律楚材，说国家正在兴兵打仗，耶律楚材这个书生没有什么用。耶律楚材说造弓尚且要用弓匠，想取天下的人怎能不用治理天下的工匠呢？成吉思汗听说后十分高兴，越来越信任和重用耶律楚材。

◎ "吾图撒合里图"耶律楚材

耶律楚材,契丹人,辽太祖耶律阿保机的世孙,字晋卿。其父耶律履,学问品行出众,得金世宗信任。耶律楚材三岁时父亲去世,母亲杨氏教他读书。他自幼学习汉文,年纪轻轻就已博览群书,兼通天文、地理、律历、术数等各门学问,写文章更是信手拈来,被金章宗召为尚书省属官,后又担任开州同知。1214年,金宣宗迁都汴京,完颜福兴留守燕京,召耶律楚材为左右司员外郎。

1215年,成吉思汗攻取中都,听说耶律楚材才华横溢、满腹经纶,便召见了他。耶律楚材身高八尺,胡须漂亮,声音洪亮,成吉思汗很看重

立于北京颐和园昆明湖东岸耶律楚材墓前的石像,由一块整石雕制而成,手法古朴,仪态端庄

立于北京颐和园昆明湖东岸耶律楚材墓前的神道碑,碑文记载了耶律楚材一生的功绩

他,把他安排在自己身边,称呼他为"吾图撒合里图",而不叫他的名字。"吾图撒合里图"是蒙古语,意思是"胡须很长的人"。

1219年,成吉思汗西征花剌子模,将耶律楚材带在身边,向他询问治国大计。1226年,成吉思汗亲征西夏时,耶律楚材也在大军之中,其他人争着掠取财物等,耶律楚材仅仅拿了几部书以及两骆驼驮着的大黄。接着,军中疫病流行,他用这些大黄治愈了无数军士。耶律楚材常常提醒成吉思汗,说在马背上建立的国家,不能在马背上治理,治理汉地必须用汉法。成吉思汗生前曾指着耶律楚材对诸子说:"此人是上天赐予我们的,以后你们一定要重用他!"

成吉思汗去世后,蒙古宗王和大臣们在客鲁涟河畔阔迭兀阿剌勒地方举行忽里勒台,讨论汗位继承问题。大会进行了四十多天,汗位继任者迟迟确定不下来。耶律楚材劝拖雷遵从成吉思汗遗言,推举窝阔台继承大汗之位,以免日后出现争端。拖雷在大会上宣读了成吉思汗的遗诏,在大家的推戴和支持下,窝阔台于1229年登上了大汗宝座。

成吉思汗不断征服各地,却没有仔细考虑如何统治那些被他征服的地区,窝阔台继位后,这个问题摆到了他面前,尤其是治理汉地,窝阔台确实需要耶律楚材这样的人才。

◎ 辅佐元太宗治理中原

窝阔台继位以后,立即命耶律楚材主持黄河以北的汉地。耶律楚材成了常在大汗身边的官员之一,有抱负、有主见,敢于向大汗直言,他的意见对窝阔台产生了重大影响。当时,黄河以北地区刚刚平定,老百姓常常"误触禁网",耶律楚材主张宽以待人,并提出一系列建议,窝阔台都加以采纳。

关于如何治理中原,汗廷上发生了激烈争论。当时,蒙古国库已十分

元朝赐予西藏宗教领袖萨迦班智达的掌印

缎袍

紧张。别迭等官员说汉人没什么用,不如杀光,使中原成为牧地,耶律楚材予以劝诫。他提醒窝阔台,南伐需要充足的军需给养,而中原每年赋税可观。窝阔台听从了耶律楚材的建议,让他去实行。第二年春天,汗廷又颁布劝农诏书,使中原各地农民安于农业生产。这年秋天,窝阔台来到云中(今山西大同),十路课税使把征收到的赋税簿册等呈给窝阔台,窝阔台十分满意,向耶律楚材赐酒,任命耶律楚材为中书令。

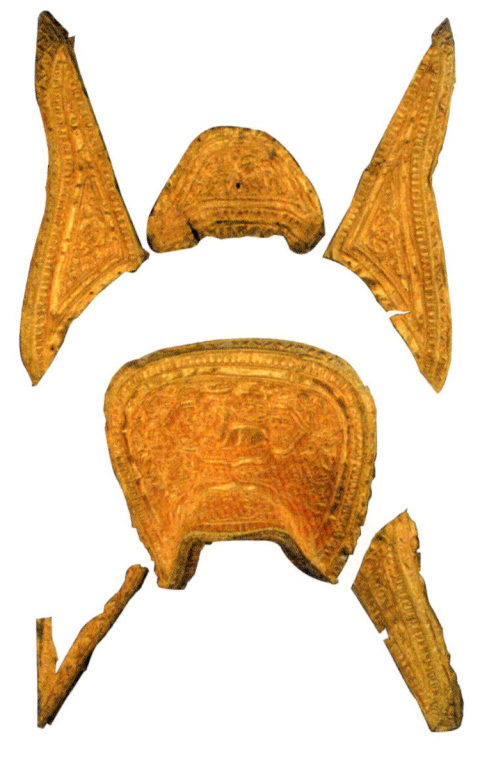

金马鞍

耶律楚材采取的劝农性的赋税征收政策,使中原地区的农业生产很快得到恢复,蒙古军需得到了切实保证。在灭金战争中,耶律楚材的两个特殊功绩是保全更多的生命和收容人才。1233年,蒙古军队即将攻占汴梁,大将速别额台主张对这个进行过抵抗的都城实行屠城。耶律楚材在窝阔台面前力争不能得了土地而失了民心,最终使一百多万人免遭屠戮。这种宽大措施后来成为定例。

在收容人才方面,耶律楚材奏准在汴梁挑选"工匠儒释道医卜之流",其中不乏贤能之士。当时,一代名士元好问曾写信建议耶律楚材聚养任用亡金士大夫,因为他们都是"民之秀而有用于世者",还向他提供了一份名单。耶律楚材接受了元好问的建议,使一批人才保存了下来。

◎ 以儒治国,定法立制

窝阔台器重耶律楚材,1234年蒙古灭金以后,开始施行他"以儒治国"的方案,包含"定制度、议礼乐、立宗庙、建宫室、创学校、设科举、举贤良、劝农桑、省刑罚、薄赋敛、去冗员、黜酷吏、崇孝悌、赈困穷"等若干内容。1235年,窝阔台做出几项决定:在哈剌和林建城,修万安宫;准备伐南宋、征高丽和再次西征;下令由失吉忽秃忽主持扩编中原户籍。关于西征南伐,耶律楚材主张"各从其便",劝阻以回鹘人征南、以汉人征西的计划。关于扩编户籍,耶律楚材坚持遵循中原传统,以户为户,按户定赋。这些都得到窝阔台的支持和允许。

1236年秋天,失吉忽秃忽完成户籍扩编,主张按蒙古习俗实行分封。耶律楚材向窝阔台陈述"裂土分民"的弊端,窝阔台同意封地设置官员须

内蒙古乌兰察布市察哈尔右翼前旗集宁路古城遗址出土的窖藏元代提花绫丝织女袍,上织各种动植物图案,工艺高超,保存完好

出自汗廷,诸王大臣除常定赋役外不得擅自征敛,以限制诸王大臣的分封特权。

在扩编户口的基础上,耶律楚材制订了中原赋税制度,使得蒙古原来"裂土分民"的分封制在中原受到了相当大的限制,实际上剥夺了蒙古贵族在中原地区的许多特权。耶律楚材拟订的这个赋税制度为元代的赋税制度提供了雏形,赋税的定额也比较轻,有利于当时已遭破坏的中原地区休养生息。在遇到大的灾情时,耶律楚材还采取了免征赋税的措施。

元代的青花瓷酒壶

另外,耶律楚材还制订了两项重要的政策:一是废止原来的凡商贾失盗不获由当地民户代偿的规定,二是制止西域商人的高利贷盘剥活动。这两项政策都有利于减轻百姓的负担。此外,侍臣脱欢上奏遴选天下女子,窝阔台下诏施行,被耶律楚材阻止,说这样做会扰乱百姓生活。窝阔台要在中原收敛牝马,耶律楚材又予以阻止,说中原不产马,这样做会为害百姓。由于他说服了窝阔台,百姓得以过上比较安定的日子。

据史书记载,1236年蒙古已印制和使用交钞。在这件事上,耶律楚材主张要以金章宗为鉴,建议"今印造交钞,宜不过万锭",得到窝阔台的支持。

1237年,耶律楚材又革除了贵族滥用驿站、强索物品的弊病。

耶律楚材在文化教育及选拔人才方面也有一系列重要措施。1236年,他建立编修所和经籍所,主持书籍的编纂和刊行。1237年,他奏准对儒士进行考试,结果有四千多人中试,其中千人原已沦为"驱口",中试后成为儒士,获得自由,其中的优秀人才得以任用。这次考试有力地推动了教育的恢复。1238年,他又支持杨惟中和姚枢建立太极书院,请赵复等人为师,教授儒家经典。南宋名士赵复的讲学使程朱理学在北方传播开来。

◎ 悲愤离世

耶律楚材的一系列举措引起了一些人的不满,他们不断地中伤和攻击耶律楚材。一次,耶律楚材秉公断案,拘禁了窝阔台的宠臣,窝阔台一怒之下捆了耶律楚材。耶律楚材据理力争,窝阔台最终承认错误,把他释放。

耶律楚材限制高利贷的措施也引起西域商人的强烈不满,他们在一些蒙古贵族的支持下,以"扑买"来破坏耶律楚材制订的赋税制度。扑买就是以相等或超出原税赋的银两买得某种税的征收专利权。窝阔台只看到扑买可以立刻收到大量银两,竟同意了。但是,扑买的人在得到征税专利权后就要增加税额以牟私利。耶律楚材全力抗争,奏请罢黜扑买,否则只能是"严役法禁,阴夺民利",最后"民穷为盗,非国之福"。可窝阔台不让

内蒙古赤峰市喀喇沁旗出土的摩羯纹金花银盘。此盘沿较宽,六瓣花式盘口,上錾两种花卉图案,相间排列。盘心饰有火焰宝珠,外錾一对摩羯,相向游动。盘上花纹、图案均鎏金,银地金花,十分华丽

他说下去，耶律楚材叹息说："民之困穷，将自此始矣！"

窝阔台汗晚年饮酒无度，怠于政事。耶律楚材逐渐不再被重视。1241年，窝阔台汗去世，皇后脱列哥那摄政。当时的朝政实际上掌握在皇后宠信奥都剌合蛮手里，对奥都剌合蛮的行事，耶律楚材认为凡不利于国家的，一概予以制止，即使脱列哥那出来干涉也不让步，因此与脱列哥那发生直接冲突，渐渐被排挤。1244年5月14日，耶律楚材悲愤而逝，享年五十五岁。

可是，耶律楚材的对手们仍不放过他。他死后不久，有人污蔑他久居相位，贪污严重。脱列哥那命近臣到他的府第搜查，结果只发现琴阮十余张以及书画、金石、遗文数千卷，没有其他财物。

忽必烈继位以后，1261年，遵照耶律楚材的遗愿，将其遗体葬于故乡玉泉山以东的瓮山，即今北京西郊万寿山。

1264年，忽必烈建都燕京(今北京);1271年，忽必烈正式建立元朝。第二年，改燕京名为大都。大都成为元朝的政治、文化中心

贵由汗

时间：1206 — 1248 年

人物：贵由汗、脱列哥那夫人

窝阔台生前很喜欢三子阔出。阔出是个文武双全的人才，可惜在1236年攻打南宋期间因病去世，此变故对窝阔台打击挺大。后来，他把对儿子的疼爱转移到孙子失烈门身上，并在去世前留下遗嘱，让失烈门继承汗位。

贵由汗画像

元上都遗址。元朝皇帝每年来上都消夏,暑期结束再返回大都

元上都遗址。元朝重要的忽里勒台、传统祭祀活动都在这里举行

位于河北省张北县的元中都遗址。元武宗海山即汗位后,下令于旺兀察都之地(今河北省张北县馒头营乡)营建中都

◎ 脱列哥那

脱列哥那，又译朵列格捏，即昭慈皇后，乃马真氏，史称乃马真后。脱列哥那原为蔑儿乞惕部脱黑脱阿别乞长子忽秃的妻子，成吉思汗降服蔑儿乞惕部之后，把她赏给儿子窝阔台，成为窝阔台的妃子。她是元太宗窝阔台的第六位皇后，元定宗贵由的母亲。

1241年，窝阔台汗去世。窝阔台汗在位时曾指定阔出的儿子失烈门为汗位继承人，窝阔台死后，脱烈哥那违背其生前意

脱列哥那画像

愿，欲立自己的儿子贵由为汗。1246年，诸王及那颜们召开忽里勒台，准备推举大汗，但拔都和宗亲们还未到来，脱烈哥那和其亲信就擅自立了贵由为大汗，为日后黄金家族内部纷争埋下了种子。实际上，贵由自幼多病，难以料理朝政，汗廷事务多由脱烈哥那主张。

脱列哥那称制后，排除异己，任命了一批不学无术的人担任朝廷命官。回回商人奥都剌合蛮和波斯女巫师法提玛等人获得其宠信，自拟法令施行。她权倾一时，曾欲逮捕中书右丞相镇海和燕京行台断事官牙老瓦赤，二人逃奔到阔端斡耳朵寻求庇护。中书令耶律楚材也被冷落，含怨而死。

脱烈哥那的摄政使成吉思汗《大札撒》遭到废弃，国家法度不一。诸王各自向四方派遣使臣，四下结党，各自为政，蒙古政权濒于崩溃。

◎ 贵由即位

孛儿只斤·贵由曾随诸王伐金，西征中亦立过战功。窝阔台汗去世前，欲立三子阔出之子失烈门继汗位，但长子贵由之母脱列哥那违命，称制于哈剌和林，史称"乃马真氏称制"。1246年，脱列哥那召集诸王召开忽里勒台，贵由被推举为大汗。贵由即位时已四十一岁，但政权仍由脱列哥那和中书右丞相镇海所掌控。

贵由即位后不久，脱列哥那病故，贵由开始整顿朝政。他首

元代铜币，上书八思巴文

先授命皇弟、拖雷之子蒙哥和术赤之子斡儿答调查帖木格斡惕赤斤图谋汗位之事，并处死了帖木格斡惕赤斤及一些官员；然后，他杀死了其母脱列哥那宠信的奥都剌合蛮，将女巫师法提玛沉入水中，重新起用被脱列哥那罢免的官员。

之前，成吉思汗授封察合台中亚地区，察合台临终时留下遗言，封地由其长孙哈剌斡忽剌继承，此事亦得到窝阔台的认可。察合台的儿子也速蒙哥与贵由关系密切，贵由上台后强迫哈剌斡忽剌让位于也速蒙哥，引起哈剌斡忽剌的不满。同时，贵由与堂弟拔都西征时就已不和，拔都反对贵由登上大汗之位，二人早已结下冤仇。1247年秋，贵由命额勒只吉歹率兵西进，统辖今波斯地区，借机与拔都抗衡。第二年春，贵由以都城哈剌和林气候不好为借口，率大军西进。拖雷之妻唆鲁禾帖尼察觉出贵由的意图，秘密通报拔都，拔都整军待战。1248年，贵由在叶密立以东地区突然病死，避免了一场皇室内战。

酿酒器具

贵由与其父窝阔台一样挥霍无度。他下令打开府库,将金银财宝分赏诸王、宗亲、大臣等,仅一次就花费七万锭。

贵由即位后沉溺于酒色,身体日益虚弱。在他统治的两年中,常常因病不能亲自处理政务,许多事情都由镇海、合答办理,因此他一直未能改变"法度不一,内外离心"的局面。贵由有三个儿子,他生前曾与诸王、宗亲约定,他死后,汗位由他的子孙继承。但他死后,诸王、宗亲们并未按照他的话去做,相反,却在拔都的提议下,拥立拖雷的儿子蒙哥登上了汗位。

元代"至元通宝"铜币

新疆阿勒泰地区出土的青铜器时代的石雕像，具有中国北方草原石雕像的基本特点，有着丰富的历史信息

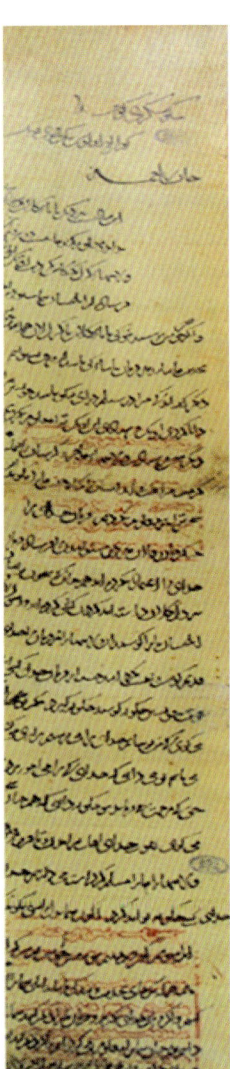

贵由汗致罗马教皇英诺森四世的信

蒙古国出土的人物雕像

蒙哥汗

时间：1208 年
人物：拔都、海迷失、蒙哥、忽必烈、旭烈兀

蒙哥（1208—1259年）是成吉思汗幼子拖雷的长子，是大蒙古国第四任大汗，号宪宗。蒙哥汗执政时间（1251—1259年）并不长，但影响重大，主要关系到大蒙古国之后的发展等问题，而这一转折就是从蒙哥登上汗位开始的。

◎ 蒙哥

1208年，蒙哥出生于漠北草原。他是成吉思汗幼子拖雷的长子，其母是拖雷正妻唆鲁禾帖尼。蒙哥出生后，"通天巫"帖卜腾格里、蒙力克老父之子阔阔出来看相，说："这个孩子一定会成为一个尊贵的人物。"便赐名"蒙哥"。"蒙哥"，蒙古语，就是"长生、永久"之意。

蒙哥从小在窝阔台汗宫长大。窝阔台继位之前，视蒙哥为养子，让昂灰皇后抚育蒙哥。蒙哥长大

蒙哥画像

唆鲁禾帖尼画像

后,为他娶了火鲁剌思部女子火里差为妃,并分给他部民。1232年拖雷去世后,才让他回去承袭拖雷的封地。蒙哥多次跟随窝阔台出征,屡立奇功。1235年,蒙哥参加第二次蒙古西征,与拔都、贵由西征欧洲不里阿耳、钦察、斡罗思等地,屡立战功。

◎ 黄金家族内部汗位之争

海迷失是斡亦剌惕部首领忽都合别乞之女,贵由汗的第三位皇后。1248年贵由汗去世,海迷失在拔都等宗王拥立下称制三年。期间,诸王争权,一片混乱。1251年,蒙哥被推举为大汗,海迷失因暗中反对蒙哥,被投入河中溺死。元朝建立后,元世祖忽必烈追谥她为钦淑皇后。

在她称制期间,除了与商人做交易,无其他事情可做,而她的两个儿子忽察、脑忽,在同一个地方建立了府邸,与母亲争权夺利,甚至还觊觎汗位。另一方面,其他宗王擅自签发文件、颁令降旨,汗廷内部陷入纷争，汗国陷入危机之中。

贵由汗去世之后，黄金家族内部汗位的争夺已是公开化，窝阔台、察合台家族准备立失烈门为大汗，以拔都为首的术赤、拖雷家族准备立拖雷之子蒙哥为大汗。拔都以长支宗王的身份邀请宗亲王于1249年在阿剌豁马黑召开忽里勒台，商议推举新大汗一事。窝阔台系和察合台系诸王反对选举蒙哥为汗，拒绝参加。前来参会的诸王大半是术赤、拖雷的后裔及成吉思汗诸弟的子孙，而窝阔台系和察合台系中只有窝阔台之子合丹、察合台之子穆直、察合台之孙哈剌斡忽勒参加，其他人都以种种理由没有前来。海迷失只派大臣八剌为代表前来参加。

大会头一天，扎剌亦儿指责众人不立失烈门为汗是违背窝阔台汗的旨意。拖雷之子忽必烈反驳说：首先违背窝阔台汗之命的不是你们吗？既然窝阔台汗决定立失烈门为汗位继承人，你们为什么不立失烈门而立贵由为汗呢？

双方围绕这个问题争论不休。拔都素来与窝阔台系不和，有意立拖雷长子蒙哥为汗。因蒙哥才智出众，战功卓著，大家都同意立蒙哥为汗，蒙哥一再谦让后接受了大家的意见。

按照蒙古传统惯例，诸亲王不到会，选举不能算数。为了让窝阔台系和察合台系诸王心服口服，拔都决定来年在蒙古本土再次召开忽里勒台。

1250年春，拔都召集术赤家族各宗王共同签订了拥立蒙哥为汗的协议，同时让其弟别儿哥率军护送蒙哥到大斡耳朵，准备再次召开忽里勒台，拥立蒙哥为汗。但窝阔台、察合台宗系以大权不能旁落为由拒绝参加，需要

今蒙古国乌兰巴托市附近出土的古代"图拉嘎"（锅撑子），上边有烤肉的铁盘子

全体宗王参加的忽里勒台又推迟了。

◎ 蒙哥即位

1251年6月，在客鲁涟河畔阔迭阿剌勒正式召开了有各系宗亲参加的忽里勒台。经过一番激烈争论，蒙哥登上汗位。这是大蒙古国处于危急时刻的一件大事，也是导致汗位由窝阔台系转向拖雷系的重大事件。

蒙哥即位后，为了加强其统治，大力消除异己、铲除政敌，并极力限制窝阔台系、察合台系的权力，把窝阔台的封地分成数块分给窝阔台的子孙，使得窝阔台的子孙无法与蒙哥汗抗衡。

察合台一系中反对蒙哥的主要人物是也速蒙哥。蒙哥即汗位后，下诏

保护战马胸部的护甲
（哈布林其其格 供图）

让哈剌斡勒忽统治察合台兀鲁思,并将也速蒙哥处死。哈剌斡勒忽到达察合台的领地后突然死去,其妻兀鲁忽乃合敦处死了也速蒙哥,亲政达十年之久。察合台的孙子不里曾在西征战场上辱骂过拔都,蒙哥将他交给拔都处死。

窝阔台汗去世之后的十来年里,成吉思汗《大札撒》被废弃,诸王滥发指令,随意征收赋税,严重影响了蒙古的统一和汗权的巩固。蒙哥即位后,为巩固汗权,采取了一系列措施:任命忙哥撒儿为达鲁花赤;任命其弟忽必烈掌管漠南汉地的军政要务,统辖山西、河南两地;任命牙老瓦赤为燕京等处行尚书省事。收回各宗王在自己封地所发的牌符,命令诸宗王、贵族没有朝廷的批准不得擅自颁发旨令,不能随意征收赋税。为限制外国商人的特权,禁止向外国商人发放牌符,要求他们承担一定的赋税;

蒙哥被推举为大汗,登上大汗宝座图(哈布林其其格 供图)

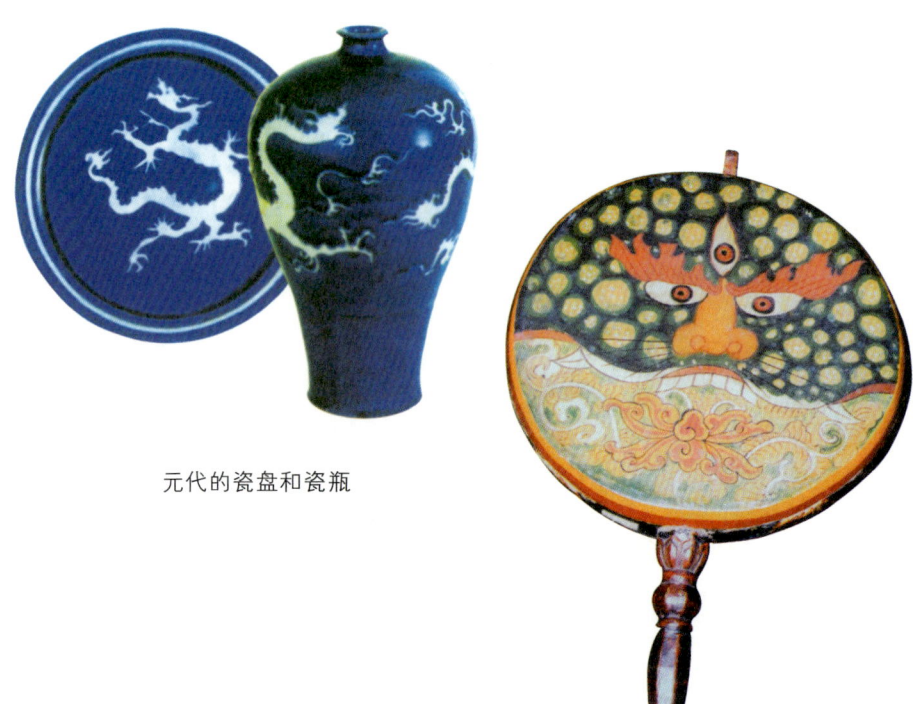

元代的瓷盘和瓷瓶

萨满鼓

萨满巫师使用的马头神鞭。一条是马头木杆神鞭,一条是马头铁杆神鞭,杆子一头雕有马头,杆子上有三个挂环,每个挂环上拴着两个喇叭状的铜铃铛,中间挂环上还拴着一个小小的马镫

元代的陶俑,河南省焦作市元代古墓出土。其中一个陶俑头戴尖顶帽子,呈翩翩起舞状;另一个陶俑左手拿着竹板,右手捏嘴吹口哨状,好似在给舞者伴奏。人物形象栩栩如生,妙趣横生

为限制外国商人随意抬高物价，派专员为货物估价。为保障国库收入，建立了户口登记制度，并规定了年税。出于统治的需要，虽然仍以萨满教为国教，实行宗教信仰自由，但决不允许宗教干预蒙古的朝政。

蒙哥汗把成吉思汗颁布的《大札撒》作为他统治的法律准则，使"群臣擅权，政出多门"的混乱局面基本结束，基本消除了宗王、贵戚和各级那颜的各种腐败现象，大蒙古国的正常统治秩序基本恢复。

根据战争需要，蒙哥汗还在多地实行军垦，在加强、巩固汗权方面采取了一系列措施，蒙古再一次兴盛起来。

草原上的石头人

达鲁花赤：蒙古语，意为"镇守者"，或译"宣差"，官职名。成吉思汗在各城设置达鲁花赤，是代表成吉思汗军政、民政和司法的官员，以《大札撒》为根本，结合当地当时的惯例行使统治权。元朝的各级地方政府均设有达鲁花赤一职，掌握地方行政和军事实权，是地方各级的最高长官。在元朝中央政府里面，某些部门也设置达鲁花赤官职。达鲁花赤通常由蒙古人担任。

对蒙古人来说,狩猎是最好的实战训练(哈布林其其格 供图)

◎ 忽必烈治理漠南

蒙哥汗即位后,一心想干出一番事业。他严明规章制度,巩固汗权,着手准备灭南宋的各项工作,并任命二弟忽必烈总管漠南汉地。

在海云法师的引荐下,忽必烈认识了僧人子聪,即刘秉忠。刘秉忠博学多才,深受忽必烈重视。后来他辅佐忽必烈,对改变成吉思汗制定的一些规章制度、实行汉法起到了很重要的作用。此外,忽必烈还重用儒家学者赵璧,招纳了元好问、张德辉、张文谦、窦默、姚枢、许衡、郝经等中原人士聚到他麾下,他们用儒家思想和历代行之有效的治国之道影响忽必烈,促使忽必烈采纳他们的意见。

蒙哥汗在位期间,谋士姚枢建议改变过去夺城后杀戮掳掠的作战方式,采取以守为攻,亦战亦耕,广积粮储,充实边备的灭宋方针,忽必烈采纳了这一建议。当时,邢州(今河北邢台)属于成吉思汗赐予的两个达尔罕(功臣)的封地,在残酷剥削和压榨下,民户锐减。忽必烈任用汉人张耕为邢州安抚使、刘肃为邢州商榷使,革除弊政,惩办贪暴。忽必烈又在汴梁(今河南省开封)设经略司,任用汉人史天泽、杨惟中、赵璧等为经略使,整顿军政。第二年,忽必烈在京兆(今陕西西安)、怀孟州(今河南沁阳)进行治理,减轻课税,鼓励农桑,建立学校,教育人才,释放被俘掠的儒

忽必烈画像

蒙古重甲骑兵（哈布林其其格 供图）

士等，还派幕僚在怀孟州开渠，引沁水灌溉农田。

忽必烈的上述措施，得到了汉族地主、儒生的广泛支持，既巩固了他的地位，他也从中学到了统治汉地的方法。汉地社会经济的恢复，为后来建立元朝奠定了物质基础。

◎ 远征大理

1252年，蒙哥汗命忽必烈率军南征大理。大理（937—1254年）是由段思平在西南一带建立的多民族政权。到了蒙哥汗时期，大理王权落入高氏兄弟俩手中，日益衰败。

1253年，忽必烈大军在六盘山（今甘肃省南部）山麓驻夏。8月，大将兀良合台率西路军，诸王抄合、也只烈率东路军，忽必烈自己率中路军，三路军直奔大理。大理王段兴智和掌握实权的大臣高泰祥出战，大败。忽必烈三次派使臣招降，大理君臣犹豫不决，忽必烈下令攻城。城内溃败，大理王段兴智逃奔鄯阐，手握大理实权的高氏兄弟逃到姚州。蒙古军在姚州俘获高泰祥，将他斩首，大理灭。

忽必烈平定大理以后，留下大将兀良合台继续围剿还未归附的部落。

忽必烈非常喜爱的玉质酒瓮，现收藏于北京北海公园玉瓮亭。酒瓮高七十厘米，周身浮雕龙、海马、海猪、犀牛，被称为"渎山大玉海"

兀良合台率领蒙古军进攻鄯阐，段兴智又逃到昆泽，不久被蒙古军擒获。

经过两年艰苦卓绝的征战，蒙古军在兀良合台的指挥下征服了大理各部。兀良合台遣使向蒙哥汗报捷，并将大理王段兴智等人作为俘虏献上。蒙哥汗采取怀柔政策，放他们回去继续统治原属各部。段兴智感激蒙哥汗，替蒙古军做向导，引导兀良合台追讨抵抗的余部，还提出了在大理治理民众和收取赋税的办法，以巩固蒙古对云南的统治。蒙哥汗非常高兴，命他替蒙古继续主管云南民众。1257年，蒙哥汗听从兀良合台建议，在云南设置郡县，授兀良合台银印，并加封大元帅衔，还镇大理。

蒙古兵头盔

忽必烈军曾经渡过的金沙江渡口

◎ 进攻南宋

1256年,合撒儿的儿子移相哥、驸马也速儿提议征讨南宋。因为西南战役接连获胜,蒙哥汗认为征服南宋时机已到。1257年春,蒙哥汗命幼弟阿里不哥留守哈剌和林,管理蒙地事宜;9月,他亲自率领大军出征南宋。大军抵达六盘山,蒙哥汗与诸将商议,决定分兵三路进攻,又命兀良合台引兵北上,形成南北夹击之势,分散宋军兵力。最后三路军会合,一举灭亡南宋。

蒙哥汗率领右翼大军,于1259年包围了位于今四川合州东的钓鱼山城。

钓鱼山城三面环江,地势险峻,是拥有十多万人的军事重镇。

忽必烈赏赐给八思巴喇嘛的盔甲,现收藏于西藏萨迦寺

听说蒙哥汗亲自率领大军来攻,宋将王坚率领军队誓死保卫山城。

蒙哥汗进驻钓鱼山城东的石子山,切断了钓鱼城的外援,遣使到钓鱼城劝降。王坚杀死来使,坚守城池。

蒙哥汗率军攻城,两军展开了空前激烈的争战。宋军多次打败蒙古军的进攻,蒙哥连续进攻五个多月,毫无进展。

王坚被困于城中,粮草军械等物资日渐减少。南宋朝廷命吕文德领兵支援,蒙哥汗命史天泽率兵抵御,三战三捷,打败了吕文德的千艘战舰,迫使吕文德退返。

蒙哥汗战死的钓鱼山城遗址

宋朝援兵无法到达,蒙哥汗派汪德臣架云梯猛攻钓鱼山城。王坚仍然坚守。正遇天降大雨,云梯折断,汪德臣被飞石击中,染病去世。

连攻五个多月却不能取胜,蒙哥汗心中焦急,于是亲自带兵攻城。时值暑季,气候炎热,疾病流行,蒙哥汗被宋军的炮石所伤,接着又染上了流行疾病,百般调治也不见好转,不久就死在了军中。

◎ 旭烈兀远征西亚

蒙哥汗命其弟忽必烈远征大理的同时,又命其弟旭烈兀率十万大军西征。这是蒙古军第三次西征,也是蒙古最后一次西征,主要目的是征服宽

旭烈兀包围报达后,用回回炮攻城,哈里发不得不投降(哈布林其其格 供图)

田吉思海以南的木剌夷和阿拔斯王朝(其都城是报达)。

旭烈兀大军出发之前,蒙哥汗发诏,要求一切事情都要遵守成吉思汗时期颁布的法令,坚决镇压反抗者,凡顺从者要赐予恩惠。

1253年10月,旭烈兀率主力军开始西征。1256年9月开始进攻木剌夷。旭烈兀遣使劝木剌夷首领鲁坤丁·忽儿沙毁堡投降,忽儿沙遣其弟请降,但要求缓期一年出堡。旭烈兀予以拒绝,拟分兵三路进攻。之后,旭烈兀再次遣使劝忽儿沙臣服。忽儿沙请求完整保留古老城堡阿剌模忒堡和柳木别薛儿堡,他本人仍缓期一年出降。旭烈兀不满,三路大军同时发动进攻。首先围攻忽儿沙所在的麦门底司堡,忽儿沙被迫出降,蒙古军夷平了该堡。接着,蒙古军陆续摧毁了木剌夷的一百余座城堡。战争结束后,旭烈兀派兵送忽儿沙去哈剌和林拜见蒙哥汗,蒙哥汗拒见忽儿沙,下令将其送回,途中被押送士兵所杀。前后历七代教主、统治达一百七十余年的木剌夷至此灭亡。

旭烈兀征服了木剌夷之后,开始准备进攻报达。当时,报达的哈里发

忽必烈出猎图。画面中黄沙浩瀚,一片塞外风光,人物细腻,表情生动,鹰、马、骆驼各类动物传神(哈布林其其格 供图)

是阿拔斯王朝第三十七代哈里发谟斯塔辛。1257年9月，旭烈兀遣使至报达，劝哈里发毁城出降，被哈里发拒绝。于是，旭烈兀开始攻打报达，哈里发的军队出城迎战，蒙古军决堤放水，哈里发的统帅和主力军被淹死。蒙古三路军进抵报达城郊后，筑堡、修渠，封锁了报达城水陆交通。之后，同时向报达发起总攻，双方激战了六昼夜，哈里发被迫出城投降。三天后，蒙古军进入报达城，抄没了哈里发家族五百余年所积蓄的金银财宝，斩杀了哈里发及其家属，只有其幼子八剌沙得到赦免。成立五百零七年的阿拔斯王朝就此灭亡。

1964年出土于保定的元代青花瓷瓶

哈里发：伊斯兰先知穆罕默德去世后继续执掌政教大权者的称谓。原意为"代理者、继任人"，后成为阿拉伯帝国领袖之意。

之后，旭烈兀开始向叙利亚进军，于第二年4月占领了叙利亚首都大马士革，叙利亚算端纳昔儿被蒙古军俘获。战争尚未结束，即传来蒙哥汗的死讯，旭烈兀决定班师回朝。返回途中得到忽必烈和阿里不哥争位的消息，于是旭烈兀留在西亚自立一方，并宣布支持忽必烈。旭烈兀后来被忽必烈封为"伊利汗"，伊利汗国从此建立。

旭烈兀大军围攻报达图（今巴格达）（哈布林其其格 供图）

蒙古军给俘虏戴上木枷押送（哈布林其其格 供图）

◎ 蒙哥汗接见卢布鲁克

蒙古西征震动了整个欧洲，到处都在讨论如何应付蒙古军的进攻。各国纷纷派出人员前往蒙古打探可靠消息，卢布鲁克就是其中之一。

卢布鲁克是13世纪天主教方济各会教士，法国人，法国国王路易九世亲信，奉路易九世之命前往蒙古传教。1253年5月7日，他离开君士坦丁堡，7月31日到达拔都之子撒里答的斡耳朵，然后又来到位于伏尔加河东岸的拔都的斡耳朵，受到拔都接见。拔都命他们去拜见蒙哥汗。

经过跋涉，卢布鲁克到达蒙哥汗的斡耳朵，蒙哥汗于1254年1月4日接见了他。此后，卢布鲁克前往哈剌和林，并于1254年4月5日抵达。卢布鲁克在哈剌和林住了数月，认真观察蒙哥汗在宗教方面的态度，了解基督教成为蒙古主教的可能性,然后于1254年8月18日带着蒙哥汗给路易九世的回信离开哈剌和林。

卢布鲁克带着信西归,1256年,他用拉丁文完成了给路易九世的出使报告《东方行记》。在这篇报告书中,他根据耳闻目睹,详细记述了13世纪蒙古人的衣食住行、风俗习惯、宗教、军事等情况,还仔细记述了所经山川湖泊、各地各城以及不里阿耳、马札儿、钦察、阿兰、畏兀儿、吐蕃、契丹等的情况,是欧洲人记述蒙古地区和蒙古人情况的最早的著作之一,也是研究早期蒙古史、中世纪历史地理及中西方交通史的重要原始资料。

靠牛牵拉的移动大帐图。卢布鲁克用铜版制作

内有金属保护层的蒙古兵铠甲（哈布林其其格 供图）

现收藏于印度的蒙古军头盔
（哈布林其其格 供图）

在印度展出的全副武装的蒙古兵骑马塑像（哈布林其其格 供图）

蒙古四大汗国

时间：1243—1502 年

人物：拔都、笃哇、海都、合赞

斡耳朵内歌舞升平（哈布林其其格 供图）

成吉思汗将自己统辖的大蒙古国分封给诸子孙,蒙古三次西征又扩大了统治面积,随即产生了四个汗国,即钦察汗国、察合台汗国、窝阔台汗国和伊利汗国。到了元代,四个汗国仍然是服从大汗宗主权的相对独立的政权。

◎ 钦察汗国(1219—1502年)

1225年,成吉思汗将大蒙古国分封给他的四个儿子,将额儿的失河以西、花剌子模以北,凡蒙古人的马蹄到过的地方,都划归长子术赤,称为"术赤兀鲁思"。1225年,术赤离世,其次子拔都继承了父亲的封地。1236年,拔都统帅"长子军"西征,到1240年,先后征服了钦察草原、克里

金帐汗国奠基人拔都汗塑像(哈布林其其格 供图)

拔都的军队到达欧洲战场 (哈布林其其格 供图)

木、高加索等地,这些地区均成为拔都的领地。1243年,拔都建立钦察汗国。因其斡耳朵帐顶为金色,又称"金帐汗国"。都城设在今伏尔加河入口处的萨莱城(今俄罗斯阿斯特拉罕附近)。其领地西到斡罗思,东起额儿的失河,南起今巴尔喀什湖、里海、黑海,北到北极圈附近,成为当时蒙古四大汗国之一。

钦察汗国属民主要为钦察人、保加尔人、花剌子模人。钦察人主要从事畜牧业,保加尔人主要以农业为主。萨莱城和花剌子模的乌尔根奇城不仅是当时工商业重要城镇,还是东西方的贸易中心。

当时,居于统治地位的蒙古人只有几万人,他们与人口众多的钦察人杂居,很快受到突厥语系的影响,到14世纪初,已普遍使用突厥语言和突厥文字。钦察汗国建立之后,同大蒙古国一样,也实行万户、千户、百户、十户制。在钦察汗国内部,拔都的十三个弟兄及其后裔各有分封属地,拥有军队,形成半独立的政权,钦察汗国可汗向藩属和斡罗思公国征收租税和差役。

拔都之兄斡儿答及其后裔统领今西西伯利亚、哈萨克斯坦地区,形成

斡耳朵内场景(哈布林其其格 供图)

叩谢可汗恩典场景(哈布林其其格 供图)

了白帐汗国。拔都的弟弟孛儿只斤昔班受封南乌拉尔地区,后建立青帐汗国(又称蓝帐汗国)。

1255年,拔都去世,蒙哥汗授予拔都长子撒里答汗位,撒里答却于归途中去世。蒙哥汗又将汗位授予乌剌黑赤。1257年,乌剌黑赤去世,拔都弟弟别儿哥成为钦察汗国大汗。别儿哥汗统治时期,钦察汗国已相对独立。

1266年,别儿哥汗去世,忽必烈正式封拔都的孙子忙哥帖木儿为钦察汗国大汗。1282年,忙哥帖木儿之弟脱脱蒙哥继位。

继脱脱蒙哥之后,秃剌不

蒙古军的布面泡钉甲
(哈布林其其格 供图)

钦察汗国的钱币(哈布林其其格 供图)

花即钦察汗国汗位。脱脱蒙哥、秃剌不花在位时,宗王那海操控了汗国大权,屡次击败忙哥帖木儿后代的反抗。后来,忙哥帖木儿次子脱脱再次起兵反抗,并于1300年彻底战胜那海,夺回实权。1302年,脱脱出兵协助元朝攻打察合台后王笃哇、窝阔台后王察八儿,笃哇、察八儿战败,归顺元朝。1308年,元武宗海山封脱脱为宁肃王。

1312年,脱脱汗去世,其侄月即伯继位,1314年,元仁宗爱育黎拔力

蒙古宫廷乐队图(哈布林其其格 供图)

战鼓。早在成吉思汗时代,战鼓已广泛用于宫廷和军旅之中(哈布林其其格 供图)

八达予以承认。此后,钦察汗国与元朝经常遣使往来。月即伯汗建立了中央集权,钦察汗国到达极盛时期,并迁都别儿哥萨莱城(今俄罗斯伏尔加格勒附近)。

随着势力的增强,钦察汗国各万户几乎各自独立,成为与汗庭相抗衡的力量。到14世纪中叶,汗国内部又出现了新的争端,万户们各自为政,汗庭权力日渐削弱。

继月即伯汗之后,其子迪尼别于1341年即位,在位两年。1342—1357年,迪尼别之弟札尼别在位。接着,札尼别之弟别儿迪别即位,在位三年。

1357年,札尼别汗被害,钦察汗国陷于混乱。自1357年至1380年的短短二十四年间,钦察汗国共更换了二十个汗。1360年之后,术赤的后人们为争夺钦察汗国的汗位打得不可开交,马麦汗于1361—1380年成为汗国的实际统治者。

钦察汗国的内乱使得周围叛乱不断。1380年,马麦汗出兵斡罗思,被莫斯科公国为首的联军打败。就在此时,白帐汗国斡儿答后裔脱脱迷失借助中亚统治者帖木儿(跛子)的力量,夺得钦察汗国汗位,钦察汗国实权从此转到斡儿答系。

不久之后,脱脱迷失与跛子帖木儿发生冲突,双方在1387—1398年间

蒙古战马的重甲,可保护其脖颈和前胸后臀(哈布林其其格 供图)

数次展开大战。跛子帖木儿大军两次攻入钦察汗国,大肆破坏钦察核心地区,第二次尤为严重,钦察汗国都城萨莱被焚毁。钦察汗国元气大伤,从此一蹶不振。脱脱迷失于1405年被另一个白帐汗所杀。

术赤后裔你争我夺,各自为政,到14世纪末,钦察汗国呈现衰败局面,花剌子模、克里木、保加尔逐渐分裂出去。到15世纪时,先后分裂出了西伯利亚汗国、喀山汗国、克里米亚汗国、阿斯特拉罕汗国等,钦察汗国只剩下有限的疆土,被称为大帐汗国,钦察汗国的正统汗位由大帐汗国继承,但其实际地位与其他汗国相同。

1472年,阿合马汗发动了与莫斯科公国的战争,战败。1480年,阿合马再次出兵进攻莫斯科公国,强迫其纳贡。阿合马的同盟军立陶宛大公未能如期出兵援助,阿合马撤兵回到伏尔加河下游时被杀死。1502年,末代大汗赛克赫阿里被克里米亚汗国击败,钦察汗国灭亡。

◎ 察合台汗国(1222—1369年)

察合台汗国是成吉思汗次子察合台在其领地上建立起来的汗国，始建于1222年，是蒙古四大汗国之一。最鼎盛时期其领地东至吐鲁番、罗布泊，西到中亚阿姆河，北至塔尔巴哈台山，南越兴都库什山。斡耳朵设在阿力麻里境内的忽牙思。

1211年，察合台随成吉思汗攻金，与长兄术赤、三弟窝阔台攻掠云内、东胜诸州。1213年，再次大举分道伐金。1219年，又随成吉思汗西征，随后与术赤、窝阔台进攻花剌子模。成吉思汗把畏兀儿以西直至阿姆河之间的草原地区分封给他。察合台与兄术赤不和，与弟窝阔台相处较融洽，成吉思汗逝世后，察合台遵照父亲遗命拥戴窝阔台即大汗位。他执臣属之礼，守臣下礼节，维护大汗尊严，熟悉札撒，执法严峻，窝阔台对他极为尊重，汗国大事必先征得他的同意才付诸行动。

1241年5月，察合台病逝。他生前本有意让儿子木阿秃干接班，但木阿秃干在征讨花剌子模的战斗中阵亡。1242年，木阿秃干四子哈剌旭烈继承汗位。1246年，贵由成为大蒙古国大汗。他与察合台五子也速蒙哥关系亲近，于是废除了哈剌旭忽

内蒙古乌兰察布市察哈尔右翼前旗集宁路古城遗址出土的元代青花瓷壶。壶身绘有牡丹花和叶子，壶盖上是翘起小尾巴的狗，眼睛、鼻子和身上的花斑与整个壶身融为一体

勒，改命也速蒙哥为察合台汗国可汗。不久，贵由汗去世，拖雷长子蒙哥即大蒙古国汗位，因也速蒙哥伙同窝阔台后裔反对过蒙哥即位，蒙哥汗废除也速蒙哥，支持哈剌斡忽勒夺取汗位。哈剌斡忽勒在回程中去世，其妻兀鲁忽乃到达察合台汗国都城忽牙思，杀死也速蒙哥。按照蒙哥汗的旨令，兀鲁忽乃统治察合台汗国长达十年之久。蒙哥汗去世后，成吉思汗家族内部为争夺汗位长期争斗，忽必烈、阿里不哥、海都等都企图占据察合台汗国，该地区成为众人角逐之地。

1260年忽必烈即位后，为了掌控中亚，派察合台曾孙阿必夫合的儿子兀鲁克去察合台汗国当大汗，但兀鲁克在途中被阿里不哥的军队杀死。阿里不哥派察合台的第六子拜答儿的儿子阿鲁忽为察合台汗国的大汗。后来，阿鲁忽又从拔都手中夺回河中地区，察合台汗国真正成为独立汗国。

1264年，阿鲁忽去世。1265年，哈剌斡忽勒的儿子木八剌沙登上察合台汗国汗位。忽必烈为了控制察合台汗国，派八剌与木八剌沙共同掌管察合台汗国。八剌按照忽必烈的旨意，推翻了木八剌沙，当上了察合台汗国的大汗。

另一方面，窝阔台的孙子海都联合术赤系诸王反对忽必烈。八剌遵照

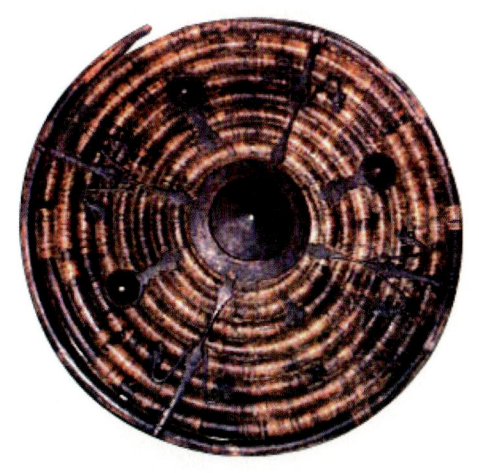

盾（哈布林其其格 供图）

305

内蒙古呼和浩特市东郊白塔附近出土的钧窑香炉,上面阴刻"己酉年九月十五小宋自造香炉一个"楷书铭文

忽必烈的旨令率军攻打海都,术赤系的忙哥帖木儿又派别儿哥率军援助海都,使海都重新召集起军队与八剌交战,八剌失利。

术赤、察合台、窝阔台系诸王都想独占河中地区,1269年,三方在阿姆河以东的塔剌思草原召开忽里勒台,决定将河中地区分成三份,分归八剌、海都和忙哥帖木儿管辖。会上还决定诸王联合起来共同反对忽必烈。塔剌思会盟之后,八剌与海都结为安答,他们清除了忽必烈的拥护者,将矛头对准拖雷系的伊利汗国。1270年,八剌发兵侵扰呼罗珊(今阿姆河以南,兴都库什山脉以北地区),占领了呼罗珊的大部分地区。7月,八剌的军队被伊利汗国的阿八哈汗军击败,八剌率残军逃走,之后病故于布哈拉。八剌死后,布花帖木尔继承汗位。

布花帖木尔在位期间,统治集团内部又发生分裂,八剌长子伯帖木儿投奔忽必烈,木八剌沙及哈剌斡忽勒二人的诸子则投奔了伊利汗国阿八哈汗。1274年,海都将察合台汗国的汗位交给八剌之子都哇,其统治长达三十二年之久。

发现于新疆的察合台汗国时期的铜镜

都哇把汗国东部交给海都的儿子察八儿,但察八儿却想控制整个察合台汗国,因此与都哇发生了权力之争。元朝统治者支持都哇,察八儿被迫屈从,窝阔台系从此失去了对察合台汗国的统治权。

1306年,都哇病逝,其子宽彻继承汗位,继续与元朝交好。1309年,都哇幼子怯伯即汗位,以察八儿为首的窝阔台系诸王几次向怯伯汗宣战,都被击败。窝阔台家族的领地被察合台家族占领,一部分臣民归属察合台汗国,另一部分归属钦察汗国。1310年,窝阔台汗国被并入察合台汗国。

怯伯汗即位不足一年,将汗位让给自己的兄弟也先布花。也先布花统治时期,为扩大牧场,率军入侵元朝和伊利汗国,兵败撤回。

1318年,怯伯汗重登汗位,与元朝恢复友好,双方经常遣使往来,汗国统治中心逐渐西移。1330年,怯伯弟笃来帖木儿继承汗位。同年,元朝颁布《经世大典》,附图称笃来帖木儿为察合台汗国王汗,与钦察汗国、伊利汗国并列。

河中地区是察合台汗国的统治中心,迁居河中地区的部分蒙古贵族改信伊斯兰教,积极主张突厥化,但有一部分反对突厥化,主张保持原有的游牧生活方式和风俗习惯。木八剌沙为了表示对伊斯兰教信仰的虔诚,不仅在河中地区举行加冕礼,还把居住在七河流域的扎剌亦儿部和巴鲁剌思部迁到河中地区,使其很快突厥化,而居住在汗国东部的蒙古人则仍然保留着原有的生活方式和风俗习惯。1321年后,察合台汗国分裂为东、西两部分。

随着察合台汗国的分裂和西察合台汗国的突厥化以及内部纷争不断,

1360年左右,帖木儿的腿被打瘸,后来他以"跛子帖木儿"闻名遐迩(哈布林其其格 供图)

察合台汗国失去了政治中心。察合台后裔欲把东察合台汗国作为政治中心,以保障察合台系的正统统治。1310—1320年,也先布花统治东察合台汗国,他曾远征河中地区,但未能实现重新统一察合台汗国的目的就去世了,之后,其子图古鲁克帖木儿继承汗位。

图古鲁克帖木儿是统治东察合台汗国的察合台后裔中第一个信奉伊斯兰教的,在他统治时期,不仅伊斯兰教得到广泛传播,他还统一了整个察合台汗国。占领河中后,他将管理权交给儿子也里牙思火者,第二年便去世了,察合台汗国又重新陷入混乱。帖木儿和忽辛起兵反对也里牙思火者,把他赶回喀什噶尔,占据了河中地区。但帖木儿和忽辛又发生了矛盾,互相残杀,1370年,帖木儿杀死忽辛,建立帖木儿帝国。

察合台汗国历经一百四十余年,更替二十九任可汗。随着元朝的衰落,差不多与元朝同时期退出了历史舞台。

帖木儿半身塑像（哈布林其其格 供图）

跛子帖木儿汗（哈布林其其格 供图）

◎ 窝阔台汗国（1251—1309年）

窝阔台汗国是蒙古四大汗国之一，由窝阔台汗之孙海都建立。其疆域包括原乃蛮部的领地和原西辽的部分领土，建都也迷里。成吉思汗分封诸子时，其三子窝阔台得到也迷里等地区。窝阔台被推戴即大汗位时，诸王曾约定大汗位永属窝阔台后裔，誓不改奉他系。窝阔台在位时，将也迷里地区赐予长子贵由，次子阔端受封河西一带。

贵由汗去世后，拖雷之子蒙哥即位，大汗位由窝阔台系转入拖雷系。窝阔台次子阔端与蒙哥汗友好，得到蒙哥汗的信任，河西之地仍为其封地。其他宗王多遭贬谪，窝阔台的封国被分划成几处小的封地。

蒙哥汗去世后，拖雷的另两个儿子阿里不哥与忽必烈争夺大汗位，海都支持阿里不哥，与忽必烈为敌。阿里不哥失败后，海都拒绝归附忽必烈。1268年，海都举兵向元朝进攻。1269年，海都召集窝阔台、察合台、术赤三系诸宗王，在塔剌思召开忽里勒台，共同反对忽必烈。八剌死后，察合台汗国陷入分裂，实际上成为海都的附庸，其统治者都哇追随海都，多次侵扰元朝西北边境。

海都统治下的窝阔台汗国成为中亚一大势力，对元朝政治军事形势的发展、元朝与西方诸汗国的联系、中西交通的往来等方面都产生了巨大影响。1301年，海都在与元军战斗中受伤，回师途中死去，其子察八儿继汗位。窝阔台后裔为争夺汗位发生矛盾和分裂，汗国力量削弱。1303年，

全副武装的蒙古兵画像
（哈布林其其格 供图）

都哇与察八儿等遣使入元,"请命罢兵,通一家之好",元朝许和。次年,都哇与察八儿争战,大掠其西部诸城,元朝海山的军队同时大破察八儿军,察八儿归附都哇,窝阔台汗国所属臣民一部分归附元朝,大部分归降都哇。1309年,察八儿参与察合台汗国的一次内争,因失败逃归元朝,元朝封他为汝宁王。他的领地大半被新即位的察合台汗也先不花据有,窝阔台汗国消亡。

窝阔台汗国存在时间最短,只更替两代可汗,延续五十多年。窝阔台汗国创立者海都为了夺得大蒙古国汗位,与忽必烈进行了四十来年的内战,虽然动摇了大蒙古国的根基,但也损耗了自己的财力物力,使得汗国日渐衰落,无力复振,后来成为察合台汗国的附庸,失去了自己的独立性。

◎ 伊利汗国(1256—1335年)

伊利汗国(又作伊尔汗国或伊儿汗国),蒙古四大汗国之一,元朝西南藩属,由成吉思汗四子拖雷之子旭烈兀所建。"伊利",突厥语,"藩属""从属"之意。其领土东起今阿姆河和印度河,西面包含小亚细亚大部分

旭烈兀汗与合敦图(哈布林其其格 供图)

旭烈兀在位时期发行的钱币
（哈布林其其格 供图）

地区，南抵波斯湾，北至高加索山。

1221—1222年，成吉思汗攻打花剌子模，占领了波斯东部的呼罗珊诸城。1231年，窝阔台遣大将绰儿马罕率军攻灭了欲在波斯西部复国的花剌子模算端札兰丁，征服了波斯大部分地区。1251年蒙哥即位后，在阿姆河等处设行尚书省，阿儿浑（又作阿鲁浑）为行省长官，设治于呼罗珊图斯城（今伊朗马什哈德附近）。

1252年，蒙哥派其弟旭烈兀分镇波斯，统兵征服尚未降服的地区。

1256年，旭烈兀军攻灭木剌夷。1258年攻陷报达，杀死末代哈里发，灭阿拔斯王朝。1259年，分兵三路入侵叙利亚。次年春，得知蒙哥死于四川，旭烈兀留怯的不花继续征进，其本人率其余兵马退回波斯。

旭烈兀回到波斯后，获悉忽必烈已经即大汗位，并与幼弟阿里不哥发生了汗位之争，便不再东返蒙古。他向双方派出使者，表示拥护忽必烈为大汗。忽必烈将阿姆河以西直到埃及边境的波斯国土和该地军民划归旭烈兀统治。于是，原由蒙古大汗直接管辖的波斯地区实际上成为旭烈兀的领地，从而建立起伊利汗国。

1265年，旭烈兀去世，忽必烈立旭烈兀长子阿八哈为汗，并颁发盖有汉字"辅国安民之宝"的王印。

伊利汗国国书（哈布林其其格 供图）

忽必烈入侵宋朝,向阿八哈征工匠。阿八哈派回回炮手阿老瓦丁、亦思马因等入京。

1282年,阿八哈去世,其弟贴古迭儿(又名阿合马)继位。1284年,阿八哈之子阿儿浑在权臣不花的支持下起兵推翻其叔父,并入元奏报。忽必烈命他继承汗位,任命不花为丞相。

1291年,阿儿浑去世,其弟海合都(又名亦邻真朵儿只)继位,挥霍无度,国库空虚。1295年,权臣谋杀海合都,阿儿浑之子合赞起兵消灭叛乱,夺取了汗位。

1298年,合赞遣使入元,敬奉珠宝等物,元成宗铁穆尔将旭烈兀分地历年应得岁赋赐予合赞,并颁发刻有汉字"王府定国理民之宝"的方印。

合赞即位后,大力进行社会改革,制定新的土地、赋税、驿站、货币等制度,限制蒙古贵族、官吏的横征暴敛,使农业、工商业得到发展,财政收入增加。他还鼓励发展科学文化,兴建天文台,设立学校,命宰相拉施特编纂《史集》。

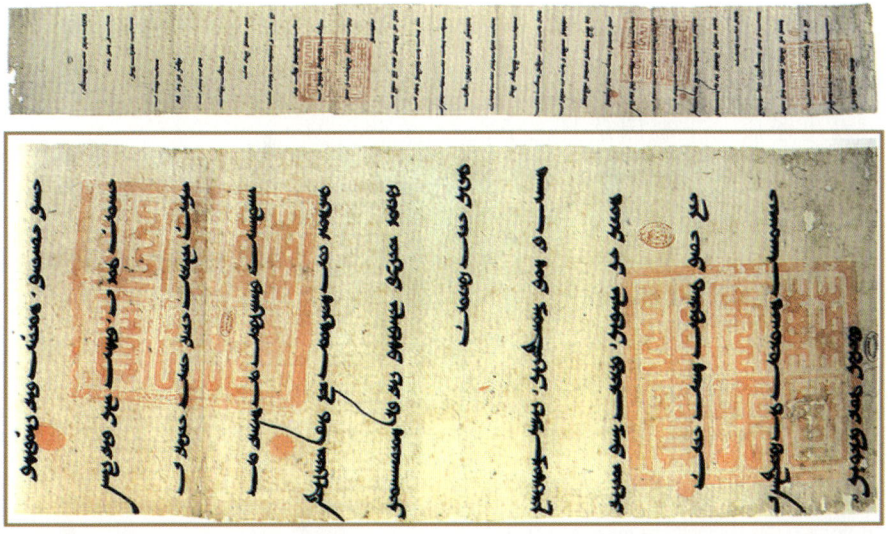

伊利汗国阿儿浑汗致法国国王腓力四世的国书原件,用回鹘式蒙古文书写,上盖忽必烈赐予的"辅国安民之宝"大印。原件收藏于法国国家档案馆(哈布林其其格 供图)

合赞汗时期发行的钱币（哈布林其其格 供图）

1304年，合赞去世，其弟合儿班答继位，号完者都汗。合儿班答遵循其兄政策，仍用拉施特为宰相，继续发展经济、文化。拉施特除完成巨著《史集》外，还编纂了一部《伊利汗的中国科学宝藏》，介绍中国的医学成就。

这个时期，元成宗与都哇、察八儿达成和议，蒙古皇室内争暂停，东西驿路畅通，伊利汗国和元朝的往来更加频繁。1316年，合儿班答去世，其子卜赛因（又作阿布·赛义德）继位。权臣出班（又作绰班）有拥立之功，泰定帝授出班"开府仪同三司、翊国公"。后来，出班专政，与卜赛因发生矛盾，卜赛因杀其三子，出班举兵叛乱，兵败被杀。经过这次内乱，伊利汗国国力削弱，各种矛盾爆发。

1335年，卜赛因去世，伊利汗国迅速瓦解，分裂为数个势力，互相攻杀。

在纷乱中，一些地方贵族乘机独立，形成割据局面。1340年，占据报达的蒙古贵族哈桑（又作哈散）自立为汗。1358年，其子

刻有"王府定国理民之宝"字样的方印（哈布林其其格 供图）

兀洼思汗兼并今阿塞拜疆等地，移都大不里士，史称扎剌亦儿王朝。14世纪末，曾经辉煌一时的伊利汗国被帖木儿帝国所灭。

伊利汗国历时九十八年，经历十八个汗，最终灭亡。在其统治期间，波斯等地区进入了一个相对和平发展的时期，欧洲和中东地区的贸易重新蓬勃发展。同时，伊利汗国与欧洲国家等建立友好关系，为中西方文化、科技交流发挥了积极作用。

合赞汗宫图（哈布林其其格 供图）

附录：蒙古的经济及人文概况

成吉思汗统一蒙古高原，结束了部族之间的残杀，建立起相对稳定的政治环境，构建起新的生产关系，为经济社会的发展创造了有利的条件。窝阔台、贵由、蒙哥时代进行的远征，主要是在他人的国土上进行，而蒙古人聚居的漠北广袤的土地作为蒙古的大后方，引进了大量人力、物力以及先进的生产技术和生产工具。

◎ 畜牧业

初期，蒙古部的生产以畜牧业为主，以狩猎、手工业为辅。畜牧业是蒙古族生产、生活的基础和一切日常所需物品的来源，因此，发展畜牧

马群

牛

业,增加牲畜数量,提高牲畜质量,畜产品加工以及为之服务的行业,是蒙古人生产的主要内容。牛羊肉和乳是蒙古人饮食的主要品种,皮毛等畜产品,或直接加工利用,或出售、交换,以解决生活所需。至于交通运输、出征打仗,也离不开畜牧业。蒙古人通常说的"五畜",就是牛、马、羊、骆驼、山羊五种牲畜,其中骆驼和山羊相对少些。

马在五畜中数量位居第二,但它所起的作用首屈一指。马可以供人骑行,人们放牧、打猎都离不开它,行军打仗更离不开它。不但马是主要交通工具和运输工具,马奶也是重要的饮品。从一定意义上讲,马匹的多寡、战马的肥瘦,是检验蒙古汗国战斗力的一个重要标志。蒙古汗国当时到底有多少匹马,无文字记载,但是有一点,每当蒙古军出征,每一个士兵至少有三四匹,多达五六匹战马供途中换乘,这是一个基本要求。成吉思汗西征时率十万大军(也有说二十万大军),就按十万大军算,每人三匹战马,至少也得三十万匹战马。而战马只是全部马匹的一部分,那么当时的蒙古汗国到底有多少马匹,可以想象一下。

在当时，牛的数量可能不及马匹多，但是牛在畜牧业生产中也占有相当重要的位置。牛是蒙古人主要生活物资之一，肉可吃，乳可加工奶食品，且生产周期长，产量高，品种也多。牛肉不仅可供人们日常食用，加工而成的牛肉干更是主要军粮。牛皮是蒙古人日常生活中必不可少的生产、生活原料，熟牛皮用来加工靴子，经久耐用；车挽具、马鞍具离不开牛皮，牛皮还可以用来加工军人的护甲。

在蒙古畜牧业中，绵羊的数量占据首位。据《蒙鞑备录》记载，如果有一匹马，就要有六七只绵羊。按这个比例推算，如果有一百万匹马，那就应该有六七百万只绵羊。绵羊繁殖快，用途广泛，羊皮、羊毛是蒙古人日常生活的主要用品，羊肉、羊乳是主要的食物和饮品，羊粪是主要燃料之一。

骆驼的作用主要是运输和役用。据《黑鞑事略》记载，骆驼有双峰驼、单峰驼，还有无峰驼。双峰驼主要分布于中亚及蒙古地方，单峰驼主要在阿拉伯、印度和北非地区。蒙古人养的骆驼主要是从西域引进来的，

膘肥体壮的绵羊

成吉思汗时期，西夏送给蒙古人很多骆驼作为贡品。

山羊数量可能最少。《蒙古秘史》中有脱斡邻勒汗挤五只黑山羊奶吃的记载。据《黑鞑事略》记载，山羊好动且胆子大，当领头羊在前边走，遇见水就带头渡过，后面的绵羊跟着过去。少养山羊的原因可能是其肉偏温凉，人们不爱吃。

蒙古人长期经营五种牲畜，积累了相当丰富的经验。论其表现，一是五种牲畜分开放牧。《蒙古秘史》上有阿都沁（马倌）、乌合尔沁（牛倌）、浩尼沁（羊倌）、特末沁（驼倌）的明确分工，便说明了这一点。二是通过加强草牧场管理和开辟新牧场的方法来解决畜牧业发展问题。窝阔台时期，每千户指定一个草牧场管理者，专门负责草牧场分配和调剂，将大汗和各级草牧场管理权制度化。进一步加强草牧场管护，派人在戈壁草原和无水干旱草原上勘察，打井引水，解决人畜饮水问题，尽可能开辟新的草牧场。三是窝阔台时期，为了减轻牧民负担，调动牧民发展畜牧业的积极性，改变了成吉思汗时期"十分抽一"的牛马抽分制，制定了"敕蒙古民

驼群

有马百者输牝马一,牛百者输犊牛一,羊百者输羒羊一"的百分抽一的畜牧税制度。四是为了保护大蒙古国的草牧场,曾制定对因开荒、失火造成草原森林火灾的人实行"满门抄斩"的严厉规定。此外还规定严禁宰杀适龄母羊和幼畜,以保障畜牧业再生产。五是一些老牧民在经营管理、畜疫防治、防灾救灾、观测天气、观察各种植物的长势、调教马、驯化骆驼等方面,堪称"土专家"。六是蒙古人在征服其他游牧民族的过程中引进新畜种,学习掌握了很多新知识和新经验。比如从西夏引骆驼到漠北,从钦察人那里学会马奶加工技术等。

山羊

◎ 农业

12世纪之前，漠北尚无农业种植，只有薛凉格河一带的蔑儿乞惕人有少量的农业种植。成吉思汗建立大蒙古国之后，封失吉忽秃忽为千户那颜，并将"有板门、土墙的百姓"（指农民）分给了他。1212年，成吉思汗命大臣镇海在蒙古西部的阿鲁欢之地屯田，并在那里建立了镇海城。后来，大量汉人北迁进入蒙古地区，蒙古地区的农业生产在规模上和技术上都有所发展。从《蒙鞑备录》记载"掠中国之人为奴婢，必米食而后饱。故乃掠米麦而于劄寨处，亦煮粥而食……"可以推知，来到漠北的汉人，从自己的生活习惯来说也有必要从事农耕。1221年，长春真人到达蒙古，看见鱼儿泊（今内蒙古呼伦贝尔达赉湖）、镇海城一带都有农耕；而1247年到蒙古去的张德辉则明言鱼儿泊一带有"民匠杂居"，驴驹河（今克鲁伦河）、哈剌和林、忽兰赤斤（哈剌和林西）诸处都有农业。考古发掘也表明，哈剌和林城的生铁犁和铁锄都是汉式的，可见这些地区的农业和汉人的关系。

◎ 狩猎

狩猎，亦称围猎、打围、畋猎，是蒙古民族古老的生产生活方式。狩猎经济的产生可以追溯到遥远的原始社会。在今额尔古纳河流域的山林地带，蒙古人的祖先在密林中度过了漫长的狩猎生涯。《蒙古秘史》记载，在成吉思汗成长时期，他们全家人曾迁往流经不儿罕合勒敦山前的桑沽儿小河边的哈剌只鲁格山的阔阔海子边住下，靠捕杀土拨鼠、野鼠来维持生活。

蒙古人狩猎的主要目的是以狩猎所得来代替家畜的消耗。此外，狩猎还有三个附属的功能，一是军事训练，二是以所获的珍贵皮毛换取所需要的农耕物资，三是供人们日常娱乐。狩猎有两种方式，一是大规模的围猎，二是个人或少数人的行猎。如今围猎早已不见，个人行猎仍有进行。

狩猎的对象分为两种，一是禽类，二是兽类。以禽类为对象的，其娱乐成分较多，多半是用鹰来捕捉，例如蒙古贵族们多用敏捷的海青鹰；以弓箭射鸟，一定要把鸟和箭的距离与速度计算恰当才可射中。除了具有军事性的围猎外，用猎犬也是人们行猎的方式之一。

过去蒙古人的狩猎活动，大约从秋末冬初开始，一直到第二年的初春。俗话说"九月狐狸十月狼"，在九月、十月（农历）这两个月猎取

打猎而归的蒙古人。这幅画生动表现了猎人的服装以及随身携带的用具（哈布林其其格 供图）

的猎物，皮张质量高，绒毛适当，毛皮成色好。特别是狐狸，因为狐狸毛皮极为珍贵，错过此期间猎取的狐皮，经济价值和实用价值就不高了。

关于狩猎，除射击之外，无论驯犬、调鹰、利用动物心理等，都需要纯熟的技巧。每一种猎法都有特别的技巧，打中动物而不伤它的皮毛，才是一个优良的射手应具备的技能。

《世界征服者史》中载，凡从事战争者，必先训练使用武器，必须熟于围猎，知道如何迫近野兽，如何遵守秩序，如何依人数多寡包围兽类。没有战争之时就行围猎，使军队训练无间断。所以，狩猎在军事训练、生产生活方面都具有重要的意义。

◎ 手工业

12世纪，蒙古社会生产力有了明显的发展，其主要标志就是能够制造铁器。当时已经有了铁匠、木匠等手工匠人，能够制造蒙古人日常使用的斧头、刨子、锯、刀、凿子等生产用具。当时蒙古人擀毡子、熟皮子已相当普遍，制作蒙古包、木车、马鞍具的技术有了一定水平，也有了制作军甲、军械的匠人，甚至有了手艺相当高的匠人。

大蒙古国时期，被俘的匠人可以免遭杀戮，被送往蒙古地区加工制作军械及其他用具。窝阔台汗时期，手工业成为独立的一种行业，哈剌和林城内有工匠集中区域。镇海城建立时，集中了一万多名工匠统一生产。

长期从事畜牧业的蒙古人在游牧生活的实践中掌握了制造蒙古包的技

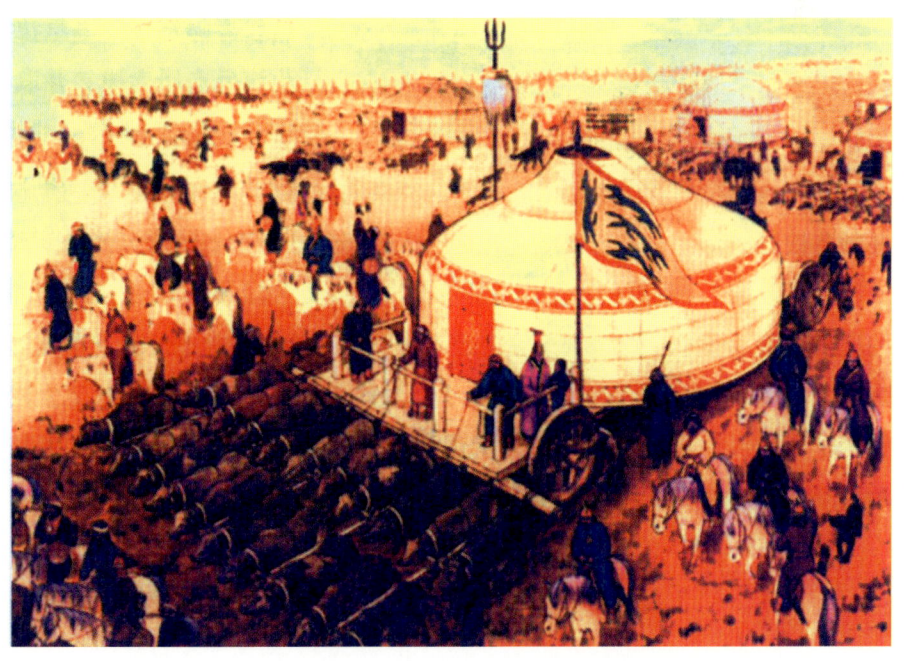

成吉思汗行帐车 (哈布林其其格 供图)

青花瓷高脚杯。元代时，青花瓷烧制技术日趋成熟，到明代宣德时期，青花瓷在烧造技术上达到了高峰

术，而大型的斡耳朵可同时容纳上百人。根据生活和战争的需要，蒙古人对造车技术也不断进行改进。《蒙古族通史》记载，元代的车辆是把毡房固定在四个轮子的车上，乘人和载物功能结合在一起，再由一头牛或数头牛拉行。为了经久耐用，这种毡房车必须用硬木来制作；为了减少行走中的摩擦，车轴两头还安有铁圈。

蒙古地区很早就产生了冶炼技术。早在匈奴时期，蒙古地区就已使用并制造铁器。据《史集》记载，兀良哈人善于铸铁，金朝统治者曾对蒙古实行禁铁政策。《蒙古秘史》中有很多铁器之名，如鱼钩、刀子、剪羊毛的剪子、锛、斧子、锯、铁车等。经考古发现，哈剌和林遗址就有十几座炼铁炉遗址、铜匠铺遗址，还出土了攻城铁器、犁铧、锄头、三足生铁锅、车轮铁圈等。另外，这里还出土了一些烧制的瓷器和陶器，有的器具上还刻有参与烧制的汉族匠人的姓名。

蒙古人很早就开始以物易物,以皮毛等换取自己需要的生活用品
(哈布林其其格 供图)

◎ 交通与城镇建设

13世纪初成吉思汗建立大蒙古国后，在中原和西域地区设立了很多驿站。窝阔台继位，定都哈剌和林之后，遵守先祖的相关制度，在蒙古本土普遍设立驿站，进一步发展、完善驿站交通制度。

驿站初建时，只是便于各地之间的联系，随着驿站的增多，各地的水陆交通逐渐联系在一起，通往西域之路亦被打通。在大蒙古国驿站的作用下，欧洲使臣、商人、旅行者和传教士可以畅通无阻地来到大蒙古国境内经商、旅行以及传教，有的还安居于此，为大蒙古国效力。

蒙古汗国时期，除了辽金夏时期所建的城郭之外，还兴建了一些新的城郭。1220年，成吉思汗在早期回鹘都城的基础上创建了都城哈剌和林。1235年，窝阔台汗命汉族工匠于今蒙古国鄂尔浑河岸建筑都城，即以哈剌和林为城名。由于蒙古的强盛，哈剌和林畜牧业、农业、商业、手工业、宗教、教育、科技等诸方面都得到很高的发展，成为政治、经济、文化中心，也是当时世界上著名城市之一，各国使臣、传教士、商人等来访甚多。

镇海城是漠北地区另一座重要城镇，位于今蒙古国阿尔泰省夏日噶县境内。成吉思汗命客烈惕人镇海在这里屯田建城，长春真人在其游记中提到镇海城位于今蒙古西部的阿尔泰山脉附近，是连接中亚和蒙古高原的草原丝绸之路上的据点。此外，在今额尔古纳河东西岸也陆续发现了哈撒儿后裔诸王子所建的城镇遗址。

蒙哥汗时期，忽必烈总理漠南军政事务，常驻于现在的锡林郭勒盟南部一带。次年，命刘秉忠"于岭北滦水之阳，筑城堡，营宫室"。刘秉忠勘址于金莲川草原，北依龙岗山，南临上都河，历时三年（1256—1259年）建成一座既具有游牧文化特色，也融合了中国传统建筑特色的草原都城。1260年，忽必烈即位于此，称开平府，1264年加号上都。此后每年暑期前即来，寒季前南返，上都成为夏都，与大都（北京）并称两都。上都由外城、内城、宫城和外苑部分组成。内城为皇城，外城为市区，城内有宫署约六十所，各种寺庙一百六十余处。城内除中央及北城墙中部的大型宫殿位于中线以外，大部分建筑未采用对称布局，殿、亭、阁、榭各具特色，或临近池沼，或开渠引流，或亭阁相连，形状大小各异，色彩风俗不同，优雅非凡。

◎ 蒙古文字和史书

据《蒙古秘史》记载，1204年成吉思汗征讨乃蛮时，乃蛮掌印官、回鹘人塔塔统阿虽被捕获，依然守着自己部落的印信。成吉思汗非常认可他的行为，于是令他掌管大蒙古国的文书印信，并令他教授诸子、诸王畏兀儿文字并以此创制蒙古文。从此，蒙古人开始用畏兀儿字母拼写自己的语言，这就是回鹘式蒙古文，也是现行蒙古文的前身。后来，回鹘式蒙古文字成为大蒙古国官方文字，包括《大札撒》、公文、书信、印章、碑文以及外交文书，都使用回鹘式蒙古文书写。现存最早使用回鹘式蒙古文写成的文献，见移相哥碑（亦称成吉思汗石碑）上的碑文，约刻于1225年。蒙哥汗当年召见卢布鲁克，给法国路易九世带去的那封信，也是用回鹘式蒙古文写成的。伊利汗国阿儿浑汗、完者都汗致法国国王的信，也都是使用回鹘式蒙古文，原信件作为珍贵文献至今收藏于法国巴黎的博物馆中。

> 《大黄金史》：通称《蒙古黄金史》，为区别于无名氏的《蒙古黄金史纲》，俗称《大黄金史》。作者为蒙古史学家罗卜藏丹津，成书于明末清初，是一部承上启下的较为完整的古代蒙古史书。书中记述了蒙古族从古代至明末清初的历史，前半部转录了《蒙古秘史》全书中的二百三十三节，补充了蒙古族兴起前后的一些历史和其他内容；后半部主要利用无名氏的《黄金史纲》等书，对窝阔台之后至明末清初的蒙古史做了较为完备的记述和补充。由于作者笃信佛教，书中充满了浓厚的佛教色彩，但仍不失为研究蒙古史，特别是明代蒙古史的重要著作。

窝阔台、贵由、蒙哥三位大汗时期，发往不同地区的公文，既用回鹘式蒙古文，也用汉文、契丹文、藏文等当地通用的文字。

一、《蒙古秘史》

《蒙古秘史》是流传至今的首部记述蒙古民族形成、发展、壮大之历程的历史典籍，也是古代蒙古民族三大历史文献（另外两部是《黄金史》和《蒙古源流》）之一，是蒙古历史文学长卷，也是世界文化遗产。原书用回鹘蒙古文写成，成书地点在今蒙古高原的克鲁伦河畔，年代大约是13世纪，作者佚名，共二百八十二节。《蒙古秘史》从成吉思汗二十二代先祖写起，直到窝阔台汗十二年（1240年）为止，共记述了蒙古族五百余年的历史，其中包含大量社会变迁、文化风俗、宗教信仰和审美精神的资料，内容涉及蒙古民族古代游牧社会生产、生活的各个方面，是研究蒙古史、元史、世界中世纪史的经典文献，也是研究古代蒙古族文学、语言的珍贵资料。联合国教科文组织执委会在纪念《蒙古秘史》成书七百五十周年时，称《蒙古秘史》以"独特的艺术、美学和文学传统及天才的语言，使它不仅成为蒙古文学中独一无二的著作，而且也使它理所当然地进入世界经典文学的宝库"。

> 《蒙古源流》：是用蒙古文创作的蒙古三大史学著作之一，由萨冈彻辰创作于清乾隆初年。它有着重要的史学价值和文学价值：一是提供了元末至清初蒙古大汗的完整系谱，二是详细记载了巴图孟克达延汗统一蒙古本部的过程，三是提供了达延汗诸子名号及所属部落名称，四是真实而生动地描述了鄂尔多斯万户的历史，五是记录了格鲁派藏传佛教在蒙古地区传播的历史，六是反映了明朝时期蒙古社会组织、部落变迁、经济状况、阶级关系、思想意识、封建主之间的关系等诸多方面的历史面貌。

二、《世界征服者史》

《世界征服者史》主要讲述成吉思汗及其几代子孙东征西讨、远征国外、建立起强大帝国的事迹。其作者是伊利汗国旭烈兀汗手下的大臣、波斯历史学家志费尼。志费尼1226年出生于波斯的志费因省。其祖辈历任波斯旧朝的财政大臣之职。花剌子模亡后,其父归降蒙古。志费尼二十岁前就开始为蒙古人服务,曾数次赴蒙古朝见大汗。志费尼虽然没有亲历过成吉思汗西征,但他在窝阔台汗、贵由汗时期亲临哈剌和林,他所撰写的事件离他所生活的年代较近,有许多记载是亲身见闻,对成吉思汗西征、旭烈兀西征和蒙古对波斯的统治等部分的记述尤为翔实。因此这部著作是非常有价值的史料。

志费尼曾几次前往蒙古都城哈剌和林,在最后一次哈剌和林之行(1252—1253年)中,他应友人之请,开始撰写这部巨著。他时断时续地写了八九年,后因公务繁忙未能写完。伊朗学者卡兹维尼将该书分为三卷,第一、二卷为原书上卷,第三卷为原书未完成的下卷。第一卷主要记述成吉思汗、窝阔台汗和贵由汗时期的历史;第二卷实际上是中亚和波斯史,其中包括花剌子模的兴亡、哈剌契丹(西辽)诸汗,以及统治波斯地区的蒙古长官等;第三卷从拖雷开始,以较大的篇幅谈到蒙哥的登基及统治初期的史实。

《世界征服者史》是研究13世纪蒙古史的基本资料之一。

三、《史集》

《史集》又名《集史》,是伊利汗国宰相拉施特奉合赞汗之命主持编撰的中世纪著名世界通史著作,成书于1300—1310年间,卷帙浩繁,内容丰富。全书共分三部,第一部为蒙古史,共三卷。第一卷为突厥蒙古史、成吉思汗先祖纪及成吉思汗传记,第二卷为伊利汗以外的成吉思汗后裔史,第三卷为伊利汗国史。第二部为世界史,记述了从波斯古代诸帝王到萨珊

达雅班第达塑像。1648年,达雅班第达在回鹘式蒙古文基础上创造了托忒蒙古文

王朝的兴衰、伊斯兰教先知穆罕默德传、哈里发阿布·伯克尔以及穆斯塔率诸哈里发的历史、波斯后期伊斯兰教诸王朝史,包括哥疾宁王朝、塞尔柱王朝、花剌子模王朝、撒勒噶尔王朝以及亦思马因教派史和印度等民族史。第三部为世界各地区的地理志。流传至今的只有前两部和一个残缺不全的附编《阿拉伯、犹太、蒙古、拂郎、中华五民族世系谱》。

《史集》这部历史巨著,尤其是它的第一部《蒙古史》,具有很高的史料价值,是研究14世纪初以前蒙古族历史的重要史料之一,也是研究古代游牧民族社会制度、族源、民族学的重要资料。其中对13世纪以前蒙古地区各游牧部落及其重要人物的记载,对成吉思汗及其先世的记载,对窝阔台、贵由、蒙哥、忽必烈等大汗的记载,对四大汗国历史的记载等,都弥足珍贵,可弥补《蒙古秘史》和汉文史籍记载的不足,史料价值很高。

《多桑蒙古史》：是瑞典著名东方学家多桑(1780—1855年)撰写的一部蒙古史文献。多桑精通多国语言，他参照大量阿拉伯文和波斯文史料，用法文著成《多桑蒙古史》。在时间上，自成吉思汗述至忽必烈；在空间上，并言诸汗国，对13、14世纪时蒙古向中亚、西亚的发展，以及达到东欧各地的史实予以详细记述。此书一直是学者了解元史全貌的主要参考书。

《元史》：中国二十四史之一。明洪武元年(1368年)，明太祖朱元璋下诏编修《元史》。

洪武二年(1369年)二月初一，在南京的天界寺正式开局编写。仅用一百八十八天，便修成了除元顺帝一朝以外的本纪三十七卷、志五十三卷、表六卷、传六十三卷，共一百五十九卷。由于编纂时间太仓促，缺乏元顺帝时代的资料，全书没有完成，于是派欧阳佑等人到全国各地调集元顺帝一朝资料，于洪武三年(1370年)二月六日重新编纂，一百四十三天后完成，增编元顺帝纪十卷等，共五十三卷。然后合前后二书，按本纪、志、表、列传厘分，共成二百一十卷，也就是现在的卷数。两次纂修，历时仅三百三十一天。由于成书仓促，《元史》出现了许多谬误，但仍是研究元朝历史的重要的基本史料，对于研究《蒙古秘史》之后蒙古一百二十年的历史也是不可多得的文献。

◎ 艺术

蒙古族音乐有着悠久的历史。据历史文献记载，成吉思汗曾"征用旧乐于西夏"；窝阔台汗于1238年曾征集燕京和南京的金朝遗乐和乐官；蒙哥汗于即位后的第二年(1252年)，下令制作钟磬、筲，始用歌乐于日月山祭天。当代蒙古族音乐理论家乌兰杰在其著作《蒙古族音乐史》中介绍，蒙古部落时期（约840—1206年），原始音乐形式是歌、舞、乐三位一体的乐舞；蒙古汗国时期（1206—1259年），主要艺术形式有歌曲、歌舞、英雄史诗等，另外，宗教音乐、宫廷音乐及各民族之间的音乐交流有了较快发展。成吉思汗曾引进西夏宫廷音乐；窝阔台汗时期及元代，蒙古族音乐文化空前繁荣，有歌曲、歌舞、歌舞戏、戏剧、器乐等多种艺术形式。此时也是民族音乐与外国音乐的重要交流阶段，出现了许多蒙古族音乐家。

舞蹈是人类表达情感、交流思想的艺术表现形式。古代蒙古人在结盟建社、称帝封王、祭奉天地、祭祀祖先、出征发誓、庆祝胜利等大量民俗仪式或事项中，手舞之，足蹈之，舞蹈是不可缺少的一个内容。关于这一点，《蒙古秘史》有蒙古各部在斡难河畔聚会，推立忽图剌为蒙古部可汗时的描写："蒙古人在豁儿豁纳黑草原，围绕繁茂大树尽情舞蹈，直踏出能盖没肋骨的深沟，能盖没膝部的尘土。"这就是古代蒙古人舞蹈文化的真实写照。古代蒙古人还制作出用牛皮蒙面的大鼓，蒙古士兵在作战前有打鼓、唱歌的习俗。萨满也有专用的小鼓。当时，在蒙古统治阶层中，宫廷舞蹈很流行。

蒙古民族是马背民族，装饰弓、矛、剑、盾、箭筒，尤其马鞍具，是蒙古人的一贯爱好。大汗的坐椅是包金的，鞍马带上以黄金盘龙为饰，鞍鞯上配有各种装饰，有的绘制图案，有的用骨雕镶嵌，有的镶嵌金属工艺制品。蒙古人更是一直喜欢银碗、金杯等生活用品。在当时，蒙古地区的工艺技术得到很大发展。

这一时期，石雕、木雕、骨雕工艺也有了很大发展。银盒的雕刻等实用美术，或细腻或豪放，有浮雕也有透雕。用羊角雕刻镶嵌的杯子、用桦树皮制作的各种器皿也多有流传。这些雕刻品不仅是实用品，也是艺术品，体现出自然美、色泽美、材料美；既有草原雕刻艺术的传统方法，也有变化丰富的外来风格，生动、质朴，具有鲜明的民族特色。

成吉思汗时期，因军事的需要，大量输入各种先进手工业技术，大批工匠因具有一技之长而迁至蒙古草原。当时，西夏、突厥、波斯、契丹等地的工匠都参与了蒙古都城哈剌和林的建设，制造了许多工艺美术品。

蒙古族图案产生于北方原始文化，表现出北方原始人类的审美观念，经过长期的比较、挑选和积淀创造，形成了适合自己审美情趣的图案，蒙古语称之为"贺乌嘎拉吉"。主要分为自然纹样和吉祥纹样两类。

在漫长的历史发展过程中，蒙古族形成了独特的刺绣艺术，主要表现在生活用品中，蒙古包、服装、靴子、毡子、门帘等都会采用刺绣技术。

◎ 法律与历法

《成吉思汗法典》，即《大札撒》，是世界上第一套应用范围最广泛的成文法典，也是世界上最早的法律性文件，成吉思汗于1206年颁布实施。

古代蒙古部落首领对众发布的命令称为"札撒"。成吉思汗建立大蒙古国后，将原有的训令写成法规，史称《大札撒》，在当时的大蒙古国具有最高权威性，是大蒙古国的根本大法。

《成吉思汗法典》古本在元末明初时毁于战乱，失传六百余年，其内容散落于众多史料之中。由于史料文献多、杂，且涉及英文、古体蒙古文、现代蒙古文、汉文等多种文字，研究难度极高，目前尚没有学者或研究机构能够完整重构这一巨著。

畜牧业是蒙古人赖以生存的主要经济产业，而畜牧业能否稳定地发展，与人们认识自然规律、掌握气候变化有着密切的联系。蒙古历法就是适应古代蒙古人的游牧生活特点而产生的。蒙古人早期使用的是自然历法，即以草木纪年，草青为一岁，新月初生为一月。后来，又将一年分为冬、春、夏、秋四季。冬季要保护牧场，便于牲畜过冬；春季草青是发展安排牧业生产的绝好时候；夏季草长茂盛，正是抓膘的季节；秋季羊肥马壮，丰收在望。《蒙古秘史》就记载了蒙古人以季节对时间的表示，如"鼠儿年，秋"等。随着游牧经济与畜牧业的进一步发展，蒙古人形成了自己的历法"蒙古皇历"，即十二动物纪年法，这十二个动物依次为鼠、牛、虎、兔、龙、蛇、马、羊、猴、鸡、狗、猪，此历法以十二年为一轮回，周而复始，并以鼠年为首。

随着畜牧经济的发展，特别是蒙古人进入中原地区后，各民族间的来往与文化交流加强，蒙古族的纪年也发生了很大变化，出现了干支纪年法与十二动物纪年法并用的状况。蒙古历法和汉历相似，也以六十年为一循环。《蒙鞑备录》确切地指出，蒙古"年号兔儿年、龙儿年，自去年改为庚辰年"，这个庚辰年即1220年。从庚辰年起，蒙古各种碑文、圣旨均采用干支纪年。

大蒙古国建立初期，使用金之《大明历》，1220年，因《大明历》

蒙古文天文图石刻。呼和浩特市五塔寺金刚座舍利宝塔背面（北面）的山墙上，嵌有三幅雕刻，其中的蒙古文天文图石刻是迄今为止唯一用蒙古文石刻的天文图，极为珍贵，是研究天文学史的重要资料

与时令不尽相符，成吉思汗命耶律楚材创制新历，即《西征庚午元历》。耶律楚材根据西域较为科学的历法，在《西征庚午元历》中纠正了中原地区使用《大明历》中积累下来的时间误差，提出"里差"概念，是我国古代天文学的一项创见。

元朝时，元世祖忽必烈命许衡、郭守敬、王恂修订历法。经过一系列精准的天文测量，郭守敬等精确制订完成了《授时历》，此后沿用了三百多年，产生了重大影响。

观星台。位于河南省登封市告成镇,距今已有七百多年历史,是我国现存最古老的天文台,也是世界上最著名的天文科学建筑物之一。忽必烈建立元朝后,任用郭守敬和王恂等进行历法改革,建造了这座观星台。2010年8月1日,包括观星台在内的登封"天地之中"历史建筑群被列为世界文化遗产

郭守敬创制的天文测量仪地平日晷,现收藏于南京紫金山天文台

观星台仰仪。郭守敬、王恂等在全国二十七个地方建立了天文台和观测站,登封观星台就是当时的中心观测站。经过几年的观测推算,于1281年编制出当时世界上最先进的历法"授时历",推算出一个回归年周期为365天5时49分12秒,精度与当今世界上许多国家使用的"格里高利历"相当,但"格里高利历"比"授时历"晚三百年;与现代科学推算的回归年期相比,仅差二十六秒。

简仪。郭守敬于1276年创制的一种天文仪器,与浑仪一样用于测量天体的位置。现陈列于南京紫金山天文台

◎ 婚姻家庭

在蒙古汗国中，普通的游牧百姓绝大多数都实行一夫一妻制，而拥有特权地位的汗、那颜等则大多是多妻制，但正妻与妃有区分，正妻与正妻所生的孩子地位也高。

蒙古族的传统惯例是其父在世时，长子结婚时要分出去居住，并分得一部分财产和牲畜；女儿出嫁时也有相当数量的陪嫁。若父亲去世，由正妻所生的最小的儿子（蒙古语称"斡惕赤斤"，意为"守灶者"）继承财产，管理家务。

在过去，蒙古族的婚俗除了上面所说的多妻婚之外，还有抢婚、入赘婚、收继婚等。抢婚是古代婚俗的遗留；入赘婚是男子以到女子家中劳动为结婚条件，期满方可携妇而归；收继婚就是若丈夫不幸早亡，妻子如想

结婚庆典前的准备（哈布林其其格 供图）

改嫁，只能嫁给丈夫家族的成员。

13世纪以后，普遍实行聘婚制。蒙古人在婚俗方面有很多比较严格的规定。比如严禁通奸，如果发现男女之间有公开通奸行为，处罚非常严厉。

◎ 衣食住行

在过去，蒙古人每日三餐都离不开奶与肉。草原上的牧民和林中百姓的饮食是有区别的。草原上的牧民主要经营牛、马、羊（绵羊、山羊）、骆驼，即"五畜"，五畜既是牧民的生产资料，又是牧民的生活资料，其肉、乳是牧民的主要食品。他们也食用猎获的兔子、野鹿、野猪、黄羊、野马肉。宰杀家畜时先宰杀绵羊，其次是牛，一般情况下很少宰杀马。而

马可·波罗（1254—1324年），13世纪意大利著名旅行家、商人。

马可·波罗出生于威尼斯一个商人家庭，也是旅行世家。其父亲尼克洛·波罗和叔父马菲奥·波罗二人从君士坦丁出发，大约于1265年来到元上都拜见忽必烈汗，后受忽必烈汗委托回到欧洲。1271年夏天，他们第二次前往蒙古的时候，带上了年仅十七岁的马可·波罗。他们从威尼斯出发，历经约四年的长途跋涉，于1275年来到元上都。马可·波罗在元朝逗留期间，受到忽必烈汗的特殊信任，在元廷担任重要职务。他在中国游历了十七年，曾访问当时中国的许多古城，到过云南和东南沿海地区。回到意大利后，他在一次海战中被俘，在狱中，他口述了大量有关中国的故事，其狱友写下了著名的《马可·波罗游记》。《马可·波罗游记》记述了他在中国的见闻，激起了欧洲人对东方的热烈向往，对15世纪欧洲的航海事业起到了巨大的推动作用，许多旅行家、探险家纷纷东来寻访中国，大大促进了中西方交通和文化交流。西方地理学家还根据书中的描述绘制了早期的"世界地图"。这本书也为以后研究元朝蒙古历史、社会状况、政治、经济、地理以及中国各民族之间的关系和中外关系等提供了重要依据。

林中百姓饲养牲畜少，主要食物是捕获的猎物。

以肉类为原料制成的食物种类很多，例如烤羊、手把羊肉、大炸羊、烤羊腿、灌血肠等。整羊宴是蒙古人传统宴客菜，祭祀活动时也常用。蒙古人称肉食为"乌兰伊得"，意为"红食"。

以奶为原料制成的食品，蒙古语为"查干伊得"，意为"白食"，寓意"圣洁、纯净的食品"。蒙古人除饮用最常见的牛奶外，还饮用羊奶、马奶和骆驼奶，其中少部分作为鲜奶饮用，大部分加工成奶制品，如酸奶干、奶豆腐、奶皮子、奶油、稀奶油、奶油渣等。13世纪曾到过蒙古的传教士卢布鲁克和旅行家马可·波罗对马奶酒的酿造有过详细记载，称之为"忽迷思"，并且描述它的味道像葡萄酒一样有辣味，喝完后舌头上留有杏乳的味道，腹内舒畅，使人微醉。《黑鞑事略》中也曾对马奶酒有过记载。马奶酒性温，有驱寒、舒筋、活血、健胃等功效。

春天，扒开白桦树皮，会流下一种无色或微带淡黄色的透明液体，味微甜，这是白桦树汁。靠狩猎为生的林中百姓很早就有饮用白桦树汁的习惯。现代科学证明，白桦树汁对人体健康大有益处，有抗疲劳、止咳等作用。

蒙古人以游牧为主，活动于马上的时间很长，他们的服装必须有防寒功能且便于骑乘。于是，长袍、坎肩、皮帽、皮靴就成了他们的首选。总的看来，蒙古人的服装主要包括长袍、腰带和靴子三个部分。在草原上，男女老幼四季都喜欢穿长袍，这就是蒙古族特有的蒙古袍，蒙古语叫作"特尔力克"。蒙古袍为大襟长袍，男袍一般都比较肥大，女袍则比较紧身。一般蒙古袍的特点是长而宽大，下端左右不分衩，长袖高领，右开襟，纽扣在右侧。过去，蒙古袍最适应草原生活环境，具有很多优点，例如袍子肥大，骑马可以护膝防寒避风；袖子长，领子高，冬季可以防寒，夏季可以防蚊子；行可当衣服穿，卧可以做被子盖。

蒙古人久居高原地带，常年在外放牧，冬季风雪严寒，夏天烈日炎炎，因此，蒙古牧民无论春夏秋冬都戴帽子，以抵御自然的侵害。从外观上看，帽子主要有圆顶立檐帽、风雪帽、三耳帽、四耳帽等。在古代社会

根据敦煌壁画描绘的元代蒙古族服饰

里,蒙古人的帽子是表明社会身份最明显的标志之一,有贵族与贫民、黄金家族与百姓之区分。12—13世纪,蒙古男人在帽顶插上海青鸟或游隼的羽毛,把款式设计成猛禽形状,这就是后来称为栖鹰冠的帽子。女人所戴"罟罟冠",是蒙古女人典型的服饰品,古时用桦树皮围成长筒,高不及尺,外裹丝绢,缀以珠宝、金银饰片、珊瑚珠等,顶端插羽。《黑鞑事略》中也有记载。

蒙古包是蒙古人的传统民居,古代称作"穹庐""毡包"或"毡帐"。蒙古包是人类建筑史上的奇迹,是蒙古高原和中亚众多游牧民族几千年来住宅文化的结晶。司马迁所著《史记》和班固所著《汉书》中记载匈奴人居住带哈那的穹庐,学术界认为那就是蒙古包的雏形,因为蒙古包就是从用木条搭建的简单的住屋逐渐演化成现在的形式的。

在成吉思汗营地停留多时的长春真人曾记载,在成吉思汗营地看到几千个格日(蒙古包)和带有黑色棚子的车辆,蒙古人住白色帐篷(蒙古包),乘坐黑色车辆。《长春真人西游记》还记载过"特尔格秃格日"——

蒙古包搭建图。组成蒙古包的四大结构是哈那(蒙古包围墙支架)、天窗(蒙古语称为"套脑")、椽子(蒙古语称为"乌尼")和门。蒙古包外形虽小,但包内使用面积很大,而且空气流通,采光条件好,冬暖夏凉,不怕风吹雨打,非常适合经常转场的牧民居住和使用(哈布林其其格 供图)

一种安装在木车上的房子,既便于运载,又较为舒适,这是征战时候用的行宫式的宫帐(斡耳朵)。这种车上宫帐比普通蒙古包大得多,而且特别豪华,用二十多头牛才能拉得动。关于"特尔格秃格日",13世纪出使蒙古或传教的东西方人士都有过记载。波斯史学家拉施特记载,成吉思汗西征时,在花剌子模附近,成吉思汗在那种行宫里会见外国使者,同时,它还是召集高级将领开会的场所。

蒙古包内的空间布局,各种物品有相应固定的位置。传统蒙古包内,正中央是火灶,被认为是火神的位置,因而特别受人尊崇。火灶北边,即上首,是供奉佛祖的地方。按蒙古人的习惯,北面最为尊贵,平常是男主人或者主客就座。以火灶为主线,西边是男人的场所,东边是女人们的活动场所。

蒙古包内部图。正中是灶火;对着灶火,北面是一家之主的位置;西边上首是主宾的位置,依次下来是男性客人的席位;东边是主妇、女性客人和孩子的位置(哈布林其其格 供图)

  林中百姓住屋是用木杆搭建而成,外多用桦树皮覆盖,从后来鄂伦春族的"斜仁柱"等住所可看到其基本模样。

  12世纪之后,因受农耕的影响,汪古惕、弘吉剌惕等部百姓逐渐转向汉式百姓房屋。大蒙古国建立之后,漠南地区土木结构的房屋逐渐多了起来,漠北地区也出现了平房。

  古代蒙古人的交通运输主要依靠马、牛、骆驼和车辆。

可汗的宫帐车,二十多头牛才能拉得动(哈布林其其格 供图)

作为主要交通运输工具，蒙古地区很早就开始使用车辆和制造车辆。曾经到蒙哥汗宫帐拜见的卢布鲁克记载过，富裕人家可能有二百多辆车，穷困人家也有二三十辆车。这种木轮牛车叫"勒勒车"。"勒勒"是牧人赶车吆喝牲口的声音，"勒勒车"因此而得名。这种车轮体高大，车身轻便，对于草地、雪地、沼泽地有较强的适应能力，可用来拉运物品、搬运蒙古包和柴草等，即使损坏也容易修理。正是由于勒勒车具有很强的适应性和修理的便捷性，所以才能沿用下来。从古代到近代，勒勒车一直是蒙古牧人重要的交通工具。庞大的勒勒车队通常由十几辆甚至几十辆车组成，驾车的往往是妇女或儿童。为了不使车队走散，每头牛的犄角都用绳子相连，最后一辆车上拴有大铃铛，行走时叮当叮当地响，以便前面的人能够听到。行进时，一辆辆勒勒车排成长长的车队，一个妇女或儿童即可驾驶七八辆至数十辆，承担全部家当的运输任务。

林中百姓冬天狩猎时使用滑雪板，又名"踏板"，古称"木马"。此外，还用雪橇（又叫雪爬犁）运载猎物。

◎ 生育与丧葬

蒙古民族非常重视新生命的诞生，诞生礼所蕴含的内容非常丰富，实

合敦分娩图（哈布林其其格 供图）

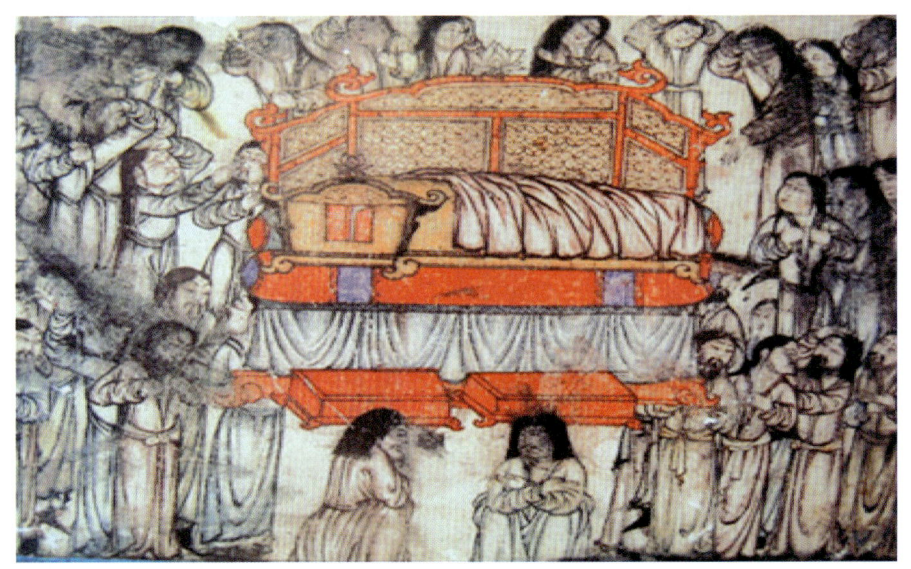

丧葬图（哈布林其其格 供图）

际上包括了孕育期和诞生期的所有习俗。古代蒙古贵族妇女在妊娠和生产时有"移房"习俗，移房即生产的标志。

据史料记述，元代，有人患病医治无效时，就在帐前立一支矛，并用黑毡缠绕，除看护者外，没有人再敢入其帐。临死前，几乎所有人都会离开他，如果死亡时有人在场，则此人一年内被禁止出入首领或汗的斡耳朵。

元朝建立之前，蒙古人有自己独特的丧葬习俗，其特点是薄葬简丧。死者如果是个不很重要的人物，就秘密地在人们认为合适的空地上埋入一顶帐幕，使死者坐在帐幕中，同时还埋入一匹母马及它的小马、一匹备有鞍辔的马，意使其在另一个世界里有帐住，有奶吃，有马骑。

蒙古可汗去世，无论其死于何地，必须运回故地，葬于起辇谷(一说在今克鲁伦河，一说在今蒙古国肯特山)。在所葬陵地，需挖深坑密葬。棺木下葬后，用土回填，然后"万马踏平"。为了不让外人看出曾经动土的痕迹，还要用帐篷将周围全部围起来，待到墓葬地面上的青草长出来，与周围的青草无异，才将帐篷撤走，这样，墓葬的地点就不会泄露了。

全套工作完成后，人们在墓葬地杀死一头小骆驼，陪伴这头小骆驼前来的母骆驼就会十分悲痛地哀叫。第二年来祭祀的时候，人们再把这头母骆驼牵来，走到杀死小骆驼的地点，母骆驼就会悲痛地流泪，这样，前来祭祀的人就能找到墓葬的确切地点。

忽必烈建立元朝以后，实行汉法，丧葬习俗也渐渐受到汉人的影响，开始用棺木入葬，但所用棺木与汉人不同。死者入殓后，将两块棺木合在一起，成为一棵圆木，然后"以铁条钉合之"。尽管入主中原，蒙古人入殓仍然俭朴如初，寿衣大多就是平时穿的衣服，随葬的器物也会比较少，大部分是死者生前喜好的器物。

元朝皇帝死后和一般的皇族及贵族稍有不同。首先要有一个下葬的仪式，随葬品也要多一些，只是在皇帝下葬时不得有汉族官员参加，也不会在地面上建设大规模的建筑物，不设功德牌坊和墓碑，一切看起来都很简

无论蒙古大汗、贵族还是普通百姓，死后都深埋地下，然后恢复地面的自然面貌，不留一点痕迹，也不立墓碑（哈布林其其格 供图）

单。另外，为了不留下可以让盗墓贼发现的线索和痕迹，对下葬地点的记载也少得可怜，以至于让人感到似乎元朝不存在皇帝陵墓。

◎ 禁忌与风俗

蒙古族在日常生活中有很多风俗禁忌。蒙古人从小在父母长辈的言传身教下长大，一言一行深受影响和约束，这也成为每一个蒙古人必须遵守的规则，不但自己要以身作则，还要代代相传。

这些风格禁忌内容繁杂，多种多样，有的源于萨满教，有的源于佛教，看似有些宗教色彩，其实正反映了游牧民族与大自然和谐共处、保护草原生态的朴素的生活观。

蒙古族的许多禁忌与环境保护有关。蒙古人认为自然界的山、水、树等都有"神灵"，若是激怒了"神灵"，必然要遭到惩罚，就要遭殃。如禁止将动物的骨头、血肉、皮张等随意丢弃在野外；搬迁时必须清理好环境，垃圾要深埋；不能乱砍滥伐树木；禁止在泉水、河流中洗脏衣服、倒脏水，更不能拉屎撒尿；禁止在敖包附近打猎或宰杀牲畜；禁止在泉眼上直接饮牲畜；禁止杀蛇，若蛇进到屋里来，要用树枝或火剪子夹其身，在其脑袋上滴少许牛奶，将其送到野外放生；忌讳往鸟窝里探头探脑，否则认为脸上会长雀斑；不能把自己的影子落在鸟蛋上，否则雌鸟就嫌弃不管了，等等。

蒙古人长幼有序，敬老爱幼，称呼老人要称"您"，不得以"你"相称或直呼其名。来客人时忌讳迎面出去倒灰、倒垃圾。到牧民家做客，出入蒙古包时，绝不许踩蹬门槛。男人到牧民家做客，不许将弓箭挂在女人住房的左侧。蒙古人讲节俭，忌讳把吃到嘴里的食物吐出来；忌讳在奶里滴血，认为白色的奶、红色的血掺在一起不吉利。孕妇忌讳吃兔肉，否则认为会生出唇裂孩子。进蒙古包时不可提着马鞭子，要把鞭子放在蒙古包门的右方，并且要立着放；忌讳用马鞭子支撑身体或敲打弓箭，严禁打马头，如果违背这些禁忌，被认为是犯罪。对逝者忌讳直呼其名，而是说

"成佛者""升天者"。

蒙古人崇拜火,认为火神或灶神是一切幸福和财富的保护神,又是驱妖辟邪的圣洁物,所以用火来消除一切罪孽。忌讳用刀子挑火,忌讳用刀子从锅中取肉,忌讳在炉灶跟前用斧子砍东西,不许往火里扔手脚指(趾)甲或其他脏东西,更不许往火堆里泼水,认为那是往灶火王脑袋上倒水。使者或大臣拜见可汗时,必须从燃起的两堆火中通过,他们带来的礼物、贡品也照此办理。人死了要进行火净仪式:点燃两堆篝火,每堆篝火旁边各立起一把长矛,用绳子把矛尖连起来,绳子上拴上各种颜色的布条,再将死者住过的帐幕、使用过的物品,连同死者的亲眷从这根绳子下面通过。家人出门夜晚回来,也要火净后才能进屋。忌讳乱扔哈达,陈旧破碎的哈达要用圣洁的火烧掉,以示敬献给火神。

蒙古人尚白崇九的习俗是从远古流传下来的。蒙古族非常崇尚白色,认为白色是最纯净的颜色,奶食洁白,故称"白食",一年中最大的节日是春节,正月亦称"白月"。蒙古族人崇九,因为九是代表最高最权威的

蒙古人认为火神或灶神是幸福和财富的保护神,又是驱妖辟邪的圣洁物。蒙古汗国时期,外国使臣要拜见可汗时,必须从燃起的两堆火中通过,包括他们带来的礼物、贡品,也遵守此程序(哈布林其其格 供图)

数字，含有吉祥的寓意。据说成吉思汗出生后用九泉之水沐浴，九岁时独立生活，1206年二十七岁时称汗，竖起了九斿白纛。在一次征战失利后，成吉思汗向天祈祷，空中传来巨大的轰鸣声，有一镞巨矛降落在树枝上，成吉思汗下令用九十九匹公马的鬃毛做成它的缨，用九十九只绵羊来祭祀，并将这巨矛作为自己的苏力德。成吉思汗还对一些功臣给予"犯九次罪而不予以追究"的特权。

元代蒙古人还有一种习俗，叫"射草狗"，在每年农历十二月下旬择日举行。届时，选一块平地清扫干净，以草捆扎成草狗，再剪些杂色彩缎悬挂在草狗身上，象征草狗的脏腑肠胃。之后，将草狗竖于场中，官宦之人进行射击，然后，请萨满念经作法，目的是祈求消灾避祸。这项活动只有贵族、官人才能参加，普通民众只能观看。后来，这种祭祀活动逐渐演变成一种风俗习惯。